The Lives and Liberation of Princess Mandarava:
The Indian Consort of Padmasambhava

佛法女性大成就者◆印度

曼達拉娃佛母傳

生生世世及解脫故事

喇嘛卻南（Lama Chonam），桑傑・康卓（Sangye Khandro）◎英譯
普賢法譯小組◎中譯
白玉・秋竹仁波切◎審定

特別推薦／宗薩・欽哲仁波切

目次

中譯版前言

男人與女人共同相處，已經是好幾萬年的事情；儘管如此，我們依然在性別之間努力尋找眞正的平等。讓人感到好奇且驚訝的是，在這個現代世界中，我們卻無法不依性別而尊重且重視所有的人類。理論上來說，許多人都同意性別之間的平等是人們所想達成的，但實際上於個人層次，我們什麼都沒做到。

即使在佛教徒當中，女性修行者也通常會比男性修行者面臨較多的困難和艱苦。偉大的女、性修行者經常遭受忽略與遺忘，並未因成就較高之了悟而受到慶賀。

我們之所以僅有少許的進展，或許是因爲這需要某種解脫的層次才做得到，而我們都尚未有此了悟。若缺此一了悟，將極難把那讓男人老是輕視女人、而女人總將男人視爲妖魔的自我延續之束縛，從社會的每個階層解開。

曼達拉娃是位眞正卓越超凡的女性，她是蓮花生大士的虔誠弟子。她生於皇族，自幼便一心只想修行。然而父親沙霍國王卻執意迫使其出嫁，因此她逃離皇宮而進入尼院，並於該處遇見蓮師且成爲其在印度的佛母。國王十分震怒，他將曼達拉娃丟入滿是荊棘的地洞，並極力想要活活燒死蓮師卻未能成功，反而因此創造了位於北印度的措貝瑪之湖，此處至今仍是朝聖之地。

在伊喜・措嘉為了未來世代利益而隱藏的伏藏《曼達拉娃的生世與解脫》（*The Lives and Liberation of Princess Mandarava*）中，有著上述和許多其他的故事，皆描繪出曼達拉娃於諸多生世當中所面臨的許多磨難，而她於這些生世都在追求證悟。對於鼓勵當代男女尋找方法，以掙脫那些強加於自身性別不平等的束縛，這些故事當能提供必要的啓發和指引的明燈。

宗薩・欽哲仁波切

二〇一一年十月九日於印度比爾

審定者序言

眾所皆知曼達拉娃公主是蓮師的佛母之一，然而坊間關於她的資料十分缺乏。大家對她的了解僅限於：她是沙霍國公主、為蓮師的佛母、與蓮師在瑪拉帝卡洞穴修長壽法成就，以及化現為蓮師八變之一金剛大腹（多傑佐勒，金剛怖畏）的坐騎，一隻兇猛的母老虎。至於其他的認知則付之闕如。所幸「普賢法譯小組」發心，將此珍貴傳記譯成中文發行，讓大家可以認識曼達拉娃佛母的累世應化。

書中詳細描述曼達拉娃佛母的本生，除了對三寶深具信心、發大菩提心、修行佛法之外，種種調伏大力魔眾的方式更是光怪陸離、匪夷所思。然而不可以吾人之見少識薄，去測度成就者行徑，以為超乎常理而視為無稽。佛行事業的不可思議，豈是凡夫所能推知。故當恭敬具信看待，並發願未來能真實了知。

值遇佛法十分難得，女性修法更是不易，本書記載曼達拉娃公主如何於佛道上前進，其堅忍不拔的毅力值得我們效法。在此嘉許「普賢法譯小組」成員，由於他們的努力，去除文字障，利益廣大漢人讀者。希望大家多給他們讚揚鼓勵，並期許他們能再接再厲，翻譯更多的佛學典籍，利益更多的眾生。

白玉・秋竹仁波切
二〇一一年於台北

中譯導言

我輩有情，隨業流轉；菩薩度眾，乘願再來。或許有人會問，既然釋迦牟尼佛已然示現人間成佛之道，為何還有第二佛蓮花生大士的出現，甚至是曼達拉娃佛母的化現？讀者如果閱讀《蓮師傳》一書，便能獲得前者的答案；至於後者，則要在本書中覓得解惑。精要來說，曼達拉娃公主，如悉達多太子一般，示現人間，成就證悟；又如聖救度母一般，誓願以女身不斷化現，利益眾生。除此之外，曼達拉娃祖師更可稱為佛教史上最重要的女性祖師之一，印度的蘇卡悉地和妮古瑪，以及西藏的伊喜·措嘉和瑪姬·拉準等，都是在她之後的女性成就者。

一般來說，悉達多太子的出家修行，並非每個人都能做得到；為了度化像印札·菩提國王這樣無法放下國務家政之人，於是有了金剛乘的方便法門。然而在傳統上有婚嫁、子女之「職責」的女性，對於上述的修行通常也只能望洋興嘆、隔空取暖，甚至認為自己是佛教中所謂業障較重的那一群，必須等到福報累積足夠、轉生投胎為男子之身，才有成就解脫的一天。此時，女性成就者如曼達拉娃祖師的故事，無疑是極能振奮人心的典範。例如，當曼達拉娃公主面對各大國王遣使求婚的場面，她如何以堅定的求道心勸動國王允諾她的修行；當國王被迫陷於爭戰、哀慟王子之死，她如何以洞察的智慧語激勵國王求和與撫慰雙親傷痛；當魔眾不願接受調伏、惡意騷擾修持，她如何以忿怒的神威行教導他們無常、慈悲；當屠夫當眾調戲侵犯，她如何以大膽的魅惑力反制他們的殺生行爲，讓他們全部放下屠刀，立時修道。尤其，女性所特有的容受、柔和、滋養、堅忍特質，在她的修行道上一再發揮正面的影響力，讓我們看到與密勒日巴尊者、各派祖師大德迥然不同的修持和度眾方式，更再次證明於成佛道上，並無性別之分，只有精進之差。

究竟上，曼達拉娃公主原本於無量劫前，即已證悟而成就爲阿彌陀佛之白衣佛母（Pandaravasini，藏文 Gökarmo）（第二章）；當她決定要來人間之時，她從選擇父母、吉祥入胎、殊勝出生、厭離塵俗、離宮苦修，到跟隨上師、清淨業力、克服艱難、成就無死、傳法度眾，最後證得究竟虹光之身（第三十七章），不斷展現她的堅毅卓絕、潛心修行。曼達拉娃佛母當時並未隨著鄔金國（Oddiyana，古譯「鄔丈那國」，於現今的巴基斯坦地方）的蓮花生大士前往藏地，而是在她化光融入奧明天界之前，由心中化現光芒般的兩朵烏巴拉花，一白一紅，放射至西藏與尼泊爾。其後，由於她的成就和功德，伊喜．措嘉佛母向蓮師祈請開示她的生平故事，包括能讓人容易記誦的簡短版本，並經伊喜．措嘉佛母的記錄和封藏、伏藏師的取藏，以及諸多譯者的努力，才讓我們今日得以見到這位印度女性成就者的本生故事。

關於曼達拉娃公主的生平，最早期的摘要出現在十二世紀掘藏師娘讓·尼瑪·沃瑟所寫的蓮花生大士聖傳中（即《蓮師傳》）。其他略可見於十四世紀鄔金·林巴（Orgyen Lingpa）和桑傑·林巴，以及十五世紀貝瑪·林巴等所取出的伏藏中。雖然這些已知版本都有著類似的故事大綱，但只有極少數的版本提供對曼達拉娃前世的記載。本書敘述的時間跨越數劫，並以白衣佛母的證悟化身為架構，前十一個篇章描述曼達拉娃各種不同的前世，包括原本證悟成佛的生世，以及釋迦牟尼佛住世期間的天女生世。而她身為曼達拉娃這個生世的特定因緣，則可追溯至迦葉尊者（釋迦牟尼佛大弟子）的授記；在這個授記中，迦葉尊者預言他自己在來生將成為蓮花生大士，而為了他，白衣佛母則受到喚請和加持，化現為曼達拉娃，出生於沙霍國。該國位於印度的東北部，也是印度堪布寂護大師的出生地；這位學問精深的佛教大師受到藏王赤松·德贊的邀請而入藏，卻無法折服那些反對改變信仰的臣民，於是，他向國王建議邀請更為合適的人選——蓮花生大士，來處理詭譎多變的西藏情勢。蓮花生大士在入藏之前的重要事蹟，便包括在瑪拉帝卡洞穴與曼達拉娃佛母成就無死持明的果位。

在藏文文學中，曼達拉娃公主的故事是屬於「南塔」（rnam thar, full liberation story）一類，意思是圓滿解脫的祖師故事，而蓮師本人更強調，持有、唸誦、禮拜等恭敬此書的修行者，將有極大福報與利益。這個中軌伏藏文本的藏文名為 *Za hor rgyal po'i sras mo lha lcam man dha ra ba'i rnam par thar pa rin chen phreng ba*，收錄於一九七三年出版的《蓮花生大士之印度明妃：曼達拉娃的一生》（*Bsam-gtan-glin-pa Phrin-las-'gro-'dul-las-rab-bde-ba-rtsal*；*The life of Lady Mandarava, the Indian consort of Padmasambhava*）一書中，是由掘藏師桑天・林巴取出。這位大約出生於西元一八七一年（鐵羊年）的瑜伽士，雖然沒有許多相關的生平資訊，但據悉在取出該伏藏之後不久，便出現在西藏東部日沃切，並由果千寺的主要上師多殊・策旺・天津接手編輯伏藏法本。在本書「後記」的末尾，簡短地描述了這位果千寺喇嘛和掘藏師之間的關係。

誠如邱陽・創巴仁波切在《智慧的女性》（*Women of Wisdom*）一書的前言中所說，一般都認爲金剛乘主要是男性修持的法門，其實許多偉大的禪修上師和修行者都是女性，且事實上，女性修行者經常比男性更爲精進而虔誠。然而，關於女性成就者的生平故事卻如鳳毛麟角，有鑑於此，在宗薩・欽哲仁波切的鼓勵和法友Miinaksii的資助和努力下，我們終於取得兩位佛母傳記*的中文版權，歷經三載完成了初步的譯稿，並多次請教在台灣二十多年、能以中文流利傳法的白玉・秋竹仁波切根據藏文來審定中譯，以補足我們的學識淺薄和業力深重。

翻譯若有少份功德，願以迴向法界眾生，人心平和天災平息，母親大地不再受難！

普賢法譯小組

寫於藏曆鐵兔年神變月空行母日

＊備註：伊喜．措嘉佛母的生平故事有多個英譯版，其中由吉美．欽哲仁波切指導、「蓮師翻譯小組」英譯的《伊喜．措嘉佛母傳》（*Lady of the Lotus-Born: The Life and Enlightenment of Yeshe Tsogyal*），已由「普賢法譯小組」譯成中文，橡樹林文化於二〇一一年十一月出版。

英譯序

身爲靈性修行者，我們從閱讀偉大上師的生平事蹟而得到鼓勵與啓發，而從他們堪爲典範的生平所領受到的啓發，讓我們更迅速地在解脫道上前進。由於我們所能了知和體驗的一切顯相皆仰賴因與緣，因此步上道途的凡庸人等必須循序漸進。曼達拉娃公主卻非如此的凡人，她已從痛苦輪迴中解脫，並且圓滿證得全知。爲了激勵眾生並帶領眾生走上這個漸進的過程，曼達拉娃公主刻意化現於凡俗的輪迴界中，透過自身的示例來教導眾生如何從事修行。本書首度把蓮花生大士的殊勝伏藏《曼達拉娃的生世與解脫》以英譯本的方式呈現。曼達拉娃非凡的生平事蹟闡明了一位偉大智慧空行母的經歷，她啓發了每一位緣遇之人，並使他們的心趨向解脫而不退轉。

沙霍（Zahor）的曼達拉娃公主常被描繪於蓮花生大士的身側，另一側則是蓮師的另一位主要明妃，即卡千的伊喜．措嘉。曼達拉娃公主協助蓮師成就無死之境，因此，人們通常描繪她爲手持長壽寶瓶和寶箭。由於蓮師和曼達拉娃之間的關係，蓮師因此能延長他在世上行使證悟事業的期間，進而旅行至雪域西藏。根據傑．米龐仁波切（Je Mipham Rinpoche）的說法，蓮師大約在藏地停留約達五十四年。

在本伏藏的三十八篇章中，讀者會認識到，一位化身空行母如何無數次地選擇以貴族身分來到世間。這種描述並非爲了顯示，只有那些地位崇高或富裕的人，才有足夠的順緣擁有如此的機會，而是要展現曼達拉娃不僅能夠、並且願意捨離最難以捨離的事物，也就是對所謂世俗生活歡愉的執著。在她的每一個生世，她不屈不撓地捨棄名聲和享樂，藉由身爲楷模和善巧方便來利益其他眾生。她捨棄了那盜取珍貴修行時間和機會的短暫歡樂，反映出現代佛法修行者所面對的掙扎。雖然曼達拉娃是一位著名的女性修行者，但是她強烈挑戰並對抗性別的歧視，她的證悟事業是永恆的。曼達拉娃與所有如她一般的殊勝上師所教導的佛法，超越一切相對分別的修道，而這些相對的分別是以凡夫二元心的串習爲基礎而成。

金剛乘的傳統非常重視傳承的純正。這些傳承內的偉大女性修行者，值得我們的感恩與致意，而我們可藉由翻譯更多偉大女性修行者的生平事蹟，以及翻譯更多由女性所寫的重要經典和論著來達成。因著傑尊瑪阿空．拉嫫（Jetsunma Ahkon Lhamo）數名弟子的虔敬心，此本伏藏的英譯工作得以開始。傑尊瑪是美國馬里蘭州普萊斯維爾（Poolesville）「昆桑白玉秋林」（Kunzang Palyul Choling）的精神導師，並由藏傳佛教寧瑪派法王貝諾仁波切所認證，爲西藏著名空行母所化現的美國女性。圖登．仁千．帕桑（Thubten Rinchen Palzang）亟欲將曼達拉娃的生平事蹟呈現在英語讀者面前，因而在美國國會圖書館找到本伏藏的藏文文本。我要特別感謝蘇珊・梅海特（Susan Meinheit），她在美國國會圖書館細心看管大量的藏文叢書，並協助找到原始文本。若無圖登・蔣帕・旺秋（Thubten Jampal Wangchuk）、諾爾・瓊斯（Noel Jones）、莎拉・史帝文斯（Sarah Stevens）、W.W.和艾麗諾・羅文（Eleanor Rowe），以及許多其他來自「昆桑白玉秋林」僧伽的贊助，我的翻譯工作將無法完成。由於本書是以藏文烏梅❶（Ume；藏文拼音 dbu med）字體寫成，且有許多縮寫字和拼字錯誤，因此若無喇嘛卻因・南賈（Lama Choying Namgyal）——即較爲人所知的卻南（Chonam），孜孜不倦地從旁協助、逐行對照，翻譯工作將無法完成。在這項艱難任務的整個過程中，喇嘛卻南對佛法、佛教歷史和西藏語文的知識是不可或缺的。W.W.和艾麗諾・羅文投入無數小時，一絲不苟地審閱和編輯本書的翻譯初稿。圖登・貢秋・諾布（Thubten Konchog Norbu）則協調翻譯工作，照料許多小細節。由於翻譯工作進行數年，因此喇嘛卻南和我再次審閱本書全文，以求精確。

編按：本書內文中註號●為中譯註；○為英譯註。

❶「烏梅」體即所謂的手寫體，相對於印刷體「烏金」。

雖然我們已經盡了最大努力，但是翻譯卻仍可能會有錯誤。我們在此為任何可能存在的錯誤致歉，並且歡迎學者加以指正與建議。我想要對亞瑟．阿茲達（Arthur Azdair）表達我的謝意。在準備打字稿的最後階段，亞瑟監督、編輯和嫻熟地輸入我們所有的校訂和修正，是不可或缺的功臣。

雖然，金剛乘佛教是以男性為導向的這種見解，有其誤導性，但當面臨強大西藏文化的影響時，許多女性追求修道的企圖仍會受到阻擋。然而，佛法越是在西方生根，就越容易認同圓滿清淨、遠離偏執分別的佛法，而非只注意到異域文化中的凡人習俗。我祈願本書有助於鼓勵世上許多傑出女性修行者培養崇高品德，並藉由修行的力量而能成為完全具格的導師。一切眾生平等，都有了悟殊勝佛性的能力，願本書為一切有情眾生帶來無量的利益。

桑傑．康卓（Sangye Khandro）
寫於札西秋林（Tashi Choling）
奧勒岡州艾須蘭市（Ashland）
一九九八年

曼達拉娃公主之生世與解脫

沙霍王之女，聖者之姊妹，
根據蓮花生大士之口授
稱作《寶鬘》（*A Precious Garland*）
或
《密咒持明空行母后之本源，
長壽天女海螺之紀事，
十萬空行母之后：空行祥鬘母之生世與解脫》（*The Origins of the Queen of the Dakinis, Upholder of Secret Mantra; The Chronicle of Dungmen, Goddess of Life; The Lives and Liberation of the Dakini Paltrengma: Queen of One Hundred Thousand Dakinis*）

南摩　師利　瑪哈迭哇　札基妮！（Namo Shri Mahadevi Dakini！）

1

沙霍國王之女：曼達拉娃公主

本淨本初之母尊
遍虛空界本初智
五佛淨土所化現，
一切空行母之首，
三世①無餘菩薩母，
殊妙遊舞持明者②，
無死長壽聖道上，
金剛佛部③天女尊！
曼達拉娃，吾頂禮！

諸佛之吉祥瑜伽母，從如海的尊聖剎土中，以一億種身相示現。數劫以來，有無數關於您示現的神妙跡象。根據有情眾生的根器，您展現世俗顯相不可思議的事業之舞。藉由無垢之本然智慧，您揭示成熟解脫道甚深廣大之精要。您以一切勝者之母聞名，在四種存在狀態中持有善德。諸佛的子嗣無一例外地都曾頂禮於您的蓮足之下，並且證得眞實的了悟。如同虛空本身一般，身爲所有智慧空行母的顯現基礎，您是實相虛空印侶之后。縱貫三世，所有曾在世上顯現的空行母，都不過是您自身光燦之雲朵。不動佛尊，您如金剛的大人相和隨形好展現出空性

---

①三世是指過去、現在和未來。

②持明者（藏文拼音 *rig 'dzin*，梵文拼音 *vidyadhara*）：在寧瑪密續體系中，有四種持明，即異熟持明（藏文拼音 *rnam smin rig 'dzin*）、長壽自在持明（藏文拼音 *tshe dbang rig 'dzin*）、大手印持明（藏文拼音 *phyag chen rig 'dzin*），以及任運持明（藏文拼音 *lhun grub rig 'dzin*）。

③五佛部是續部佛教的證悟分類。在此分類中，有情衆生的五種身心組成（色、受、想、行、識等五蘊）的清淨證悟自性被視為五位之佛父。這五位佛父與其佛母雙運，五佛母體現的是五種本初智慧，亦即貪、瞋、癡、慢、疑等五毒的清淨證悟自性。在五佛部中，「如來」或「佛」部以毘盧遮那佛（大日如來）與界自在佛母（Dhateshvari）雙運為象徵，是究竟虛空的本初智慧（法界體性智）的體現；「金剛」部以不動佛與佛眼佛母（Buddhalochana）雙運為象徵，是大圓鏡智的體現；「寶」（梵文拼音 *ratna*）部以寶生佛與瑪瑪基佛母（Mamaki）雙運為象徵，是平等性智的體現；「蓮花」（梵文拼音 *padma*）部以阿彌陀佛與白衣佛母（Pandaravasini）雙運為象徵，是妙觀察智的體現；「事業」或「羯磨」（梵文拼音 *karma*）部以不空成就佛與佛母三昧耶度母（Samayatara）雙運為象徵，是成所作智的體現。（五方佛各有其相對應之淨土；參見第三十七章英譯註①）曼達拉娃公主被視為是阿彌陀佛的佛母——白衣佛母的化身。

本質之廣袤。如同一場傾盆大雨，您爲了利益眾生而從化身聖界顯現爲五佛部之自然化身與不可思議、圓滿展現之幻化網。身爲空行母，您的證悟力量展現於無限的神幻事業。您以曼達拉娃聞名，且名聲遍及輪迴三界④。於不動搖的本性中，願您堅定、不離地住於我心間蓮花之中央，直到我了悟菩提心爲止。我恭敬地禮敬您，願能見到我自己的眞實自性。

藉由大悲日燦亮的光芒，深重的無明染污和邪見的障蔽立時消散，並能眞實了悟佛法之基與道。藉由完成道上的修行，究竟實相之果得以圓滿。願證悟在本淨之本初母的境界中自然生起。

嗳瑪吙！在色究竟天、密嚴淨土，外境的顯相是空性的大樂智慧宮殿，無別於五方佛部及其五佛母之淨土。諸佛菩薩是法身、報身和化身之證悟體現⑤的自然展現，具有隨時隨地圓滿無礙的成就。

這些淨土、聖地等處所的展現，超越凡俗的概念。在一個如原子般大小的微塵之上，安住著上師及聖眾的無限化身，根據這個世界體系各個地區裡個別眾生的需求來顯揚佛法。聖地的顯現令人感到不可思議的驚奇。在天上、地上與地下，各有相應的聖地和聖土，顯現例如贊托哈等處所；這些處所對應於證悟之身、語、意、功德與事業，而這其中的每一項也包含其他五者。

在這無數的聖地與聖土之中，有一處名爲西藏，那裡是紅面食人族居住之地。在西藏中央的省分，在桑耶．佩洛林的紅色懸崖之上，有一個名叫「三傳承之不變任運顯現宮」的寺院，與蓮花光銅色山淨土無有分別。在寺院的「綠松石水晶」內廳，上師和國王及其弟子、臣民坐在一起。

在尼泊爾的釋迦天女、娘札措、札西．吉眞、卡拉悉地、卻洛札、我自己——卡千的伊喜．措嘉，以及數千個有福弟子前，蓮師揭露了實爲諸佛精要之八大嘿魯嘎壇城，並賜予令眾等成熟解脫之精要灌頂與口傳。在這個時候，九位教法的具緣持有者和五位女弟子，呈獻許多虔敬心和禮敬的表徵。我們特別供養最珍奇貴重的珠寶，其中包括一顆大如八歲孩童拳頭的藍寶石。國王及其臣民供養曾經屬於龍王難陀的貴重寶物。隨同這個曼達供養，我們做了以下的祈願：

「噯瑪吙！多麼神妙！從色究竟天阿彌陀佛的淨土到聖觀世音菩薩的普陀山淨土，到鄔迪

④三界是指色界、欲界和無色界。

⑤這三種證悟的體現即是三身。究竟實相的證悟體現是法身，大樂（受用）的證悟體現是報身，應化（意所顯現）的證悟體現是化身。

亞納❶這片土地，您放棄從母胎出生，而奇妙地從達納郭夏湖中的蓮花誕生，身為國王的化身子，您以海生金剛❷聞名。您身為諸佛神妙證悟事業之尊主，周圍有來自鄔迪亞納的十萬空行母所環繞。身為密咒金剛乘成熟解脫教授之寶藏，您是具格追隨者的唯一怙主。

「喔，尊主蓮花生大士，一切清淨持明者之首，偉大的精神導師，請將證悟明覺轉向吾等。您的證悟事業已跨二十大洲，包括印度和西藏。您為了調伏眾生心意所展現的神通，令人驚奇、超乎想像。在沙霍這個國家，您遇見長壽天女曼達拉娃，她利益有情眾生的能力遠勝過任何其他人，她的名聲遍及輪迴三界。喔，上師，我懇求您，出於您的大慈，為了利益那些已經聚集於此之眾與未來世代之人，請與我們分享關於她的生平和解脫的故事！」

蓮師極為歡喜地微笑，用如同梵天妙音的金剛語說道：「嗟吙！九位具緣持有者以及你們所有具足出眾靈性能力者，仔細傾聽。提出如此善好請求的有福弟子們，現在要恭敬且專心傾聽，並把這些話語謹記在心！

「嗳瑪吙！多麼令人驚奇！本淨佛土乃任運顯現、自生本初智慧的聖境。在色究竟天淨土，住有法身普賢如來，祂是無上方便的體現，以及住有普賢如來佛母，祂是實相界之母。做為三世諸佛及其子嗣的生源處，空性智慧是他們的本質，且顯現為五方佛部不止息之化身。

「此外，在極樂世界此無上佛界，住有一切勝者之王阿彌陀佛，於彼處，崇高證悟功德的展現超越凡俗所能理解。阿彌陀佛以報身相的長壽佛而爲人所知，是此劫一千位化身佛之父。他的智慧佛母是天女白衣佛母，她顯露不可思議之證悟身、語、意、功德與神妙事業的展現，藉以調伏諸界輪迴眾生。

「雖然這些化身根據眾生之個別需求而以不同的方式顯現，但是即使在此賢劫結束之後，仍然會繼續顯現。一位本初智慧空行母在我們這個世界化現的方式，就如同那些無量化身的顯現方式一般，而且她的降臨將貫穿三世。其中一位即是蓮花部空行母納妍止，她是位長壽空行母，也是本淨明覺明妃，以名爲曼達拉娃的女身顯現於人世。

「她以公主的身分來到這個世界，具有無與倫比的名望；她在天道中亦同樣聞名遐邇，她在那裡傳揚密咒教法，且因其了悟而聞名。在空行淨土，她傳佈智慧大鵬金翅鳥生平事蹟的記述。在鄔迪亞納國，關於她生平故事的一萬篇章廣爲流傳，她以炯門・澤津，亦即海螺持壽女的名號所著稱。在沙霍這個國家，流傳著關於她生平故事的九百篇章。在印度，她以師利瑪

❶ Oddiyana，古譯「鄔丈那國」或譯做「鄔金國」，位於現在的巴基斯坦地方。

❷ 又稱湖生金剛，藏人對於湖海並無特別區分。

拉，即吉祥念珠的名號所著稱，關於她生平事蹟的一百篇章遍及印度。在八部眾的境域，她以菩提．措嫫這個名號爲人所知，並流傳有五百一十個關於她生平故事的篇章。在冷血的龍界，她以慈吉祥天女的名號而聞名，並且流傳有一千個關於她生平事蹟的篇章。類似的，關於她生平事蹟的一百篇章也在其他大洲廣爲流傳，例如在瑪如．星哈拉、措提．畢沏、蘭卡、鄔迪亞納、貝塔．索革、香巴拉、喀什米拉喀拉巴，以及八大屍陀林等地。依我神力所知，她的名號和過去的生平事蹟迄今尚未在西藏揭露。爲了後代子孫之故，我將會簡短揭示關於她諸多生世與解脫的故事。

「任何看見、聽聞、憶念或遇見這本傳記者，都將因此走上圓滿證悟的解脫道。此一紀實包括她在七個淨土的生平事蹟、她爲了利益眾生而示現應化的方式、她如何藉五重神通進入母胎、她如何從輪迴幻相中醒悟、她如何修持六波羅密和道次第、她如何透過密咒的修持而生起功德、她達到無死持明位的成就、她獲致證悟、進入涅槃，以及爲了利益其他眾生而乘願再來的行跡。此一紀實總共會有十三個部分。」

三昧耶

稱作《珍貴寶鬘》的
《沙霍公主曼達拉娃的生世與解脫》
之第一章，至此圓滿。

2

國王因陀羅德瓦之女

在一萬零四十二劫之前，有個名叫「千明光」的劫內，寇塔瑪提的國王給切・促普佩住在一座名叫薩拉帕塔的宮殿中。他出身祭司種姓，崇拜神祇毘濕奴❶。他的妃子仁千・南切・卓美・歐產下他們的兒子吉祥光——巴斯卡拉師利。從吉祥光統治寇塔瑪提國開始，到其後繼位的一千位國王，每位國王都具有圓滿大人相和隨形好。

這個世系的最後一位國王因陀羅德瓦，娶了富商之女泰耶・澤瑟瑪（意譯為無盡美麗）為妃。有一次，當他們停留在宮中的時候，國王因陀羅德瓦發現，在王宮附近有個深一百哩、周長七千哩的藍綠色湖泊，而那是龍王瑪拉希的宮殿。

這面湖的周圍環繞著一片秀美的森林，這片森林裡有一池清澈的水潭，極為賞心悅目。水潭含藏了大量珍貴殊勝的滿願珍寶，其周圍環繞著許多小湖，大量綻放的蓮花增添其秀色。種類驚人的鳴禽和鶴鳥在此聚集，甘露從許多水泉中湧出。在這一切的中央，矗立著一座方形的水晶山，稱為納美托塔。有著五色光芒的雲朵聚集在山峰上，如同在任運成就淨土中的群山。

國王因陀羅德瓦希望造訪此一聖地，就對他美麗的王妃說道：「聽著，美麗的狄卡莉，具有淨密尊貴功德之女，泰耶．澤瑟瑪夫人，請諦聽！這座宮殿的東北方，在各個區域間，有一座山谷，谷中有一面大湖，湖深一百哩，周長七千哩。此乃是龍王瑪拉希的住所。湖的周圍環繞著小塘和水潭、花田，以及泉湧而出的甘露。一座名爲納美托塔的方形水晶山座落於彼，山峰飾有五色虹光，並且高達梵天❷的天界。那裡有數百種不可思議、令人賞心悅目的景色！讓我們帶著大臣、軍隊等隨眾，前去這個聖地。喔，我心之友！擊大鼓來聚眾，並且爲我們的旅程做所有必要的準備。」

尊貴的王后依此擊鼓召集大眾。大臣們和軍隊立刻聚集在宮殿的二樓。明智的大臣塔塔師利恭敬地詢問尊貴的王后，爲何要召集大眾。塔塔師利口若懸河地說：「嗳瑪！多麼驚人！國王之妃，大商人青春年少之女，您的面容美得令人陶醉。天神、眾人之姊妹，光是凝視著您，無法平息我們的欲望。天眾的大鼓是梵天神奇的創造。這鼓回響出平息、增益、懷愛、伏誅①

❶毘濕奴為印度教三大神明之一，在佛教稱為「遍入天」。

❷梵天為印度教三大神明之一，乃創造之神。

①這些是諸佛菩薩所行使的四種證悟事業。

的美妙音聲。在擊打此一大鼓之時，我們這些天生具有天眾奇妙活力的人即自動聚集在此。請告訴我們爲何會被召喚。我恭敬地請求您咽喉的護衛釋放您如海螺般的聲音！」

王后回答：「嗟！哈！聰明的大臣塔塔師利和你的官員眾等，請聽好！寇塔瑪提這片土地的統治者因陀羅德瓦王，他用美妙悅耳的聲音命令我們造訪一個位於東北的地方。在那裡，龍王瑪拉希住在大湖納瑪如的宮殿中。該國華麗燦爛，如同天道一般！它的水晶山納美托塔籠罩在五色光彩之無礙光芒中。那裡有粼粼發光的甘露河，以及蓮花綻放的庭園。爾等資深大臣、年輕大臣，以及你們的八重隨扈若想造訪這座超乎想像的神奇處所，那就擊打大鼓，立刻把隨眾召集於此！我們全都必須遵從國王的命令！」

王后說完這番話後，她和大臣及其隨眾恭敬禮拜。他們匯聚最精美的所屬物，包括絲綢、錦緞和珍寶，並將其呈獻給國王做爲曼達供養。然後他們做出請求：「南無❸，禮敬！喔，偉大的國王，天眾之君主，人類之唯一怙主，自他之功德福因，請留意！聽到大鼓之聲後，我們毫無延遲地在此聚集！殊勝的王后已經傳達您的命令，而我們已都了解其中的涵義。請告訴我們，我們該如何爲這最令人嚮往的旅程做出最佳的準備。」

聽到他們的請求之後，國王回答：「從先祖給切．蘇普佩的時代至今已有一千個王族世代，這個婆羅門國王世系所有的偉大國王都曾經向龍族獻供。事實上，有許多紀事裡記載了他們向偉大龍王獻供的旅程。此時此刻，在我們準備旅程以及匯集我們的供品時，我們要留心收集最殊勝的象徵性物品：上等駿馬、巨象、如意寶帕拉夏、各種珠寶、醫藥、樂器、舞者、歌者、鼓手、寶瓶、自然稻、穀物、絲綢、華傘、華蓋、勝幢，以及各類飾品。攜帶一切可帶之物，切勿遺漏任何東西！穿上你們最奢華的衣物，用華飾裝扮你們的頭髮。」

國王說完之後，所有必要準備都已就緒。當第八星宿（constellation）出現在虛空之中，大地顯得神聖且美妙絕倫。庭園滿布著盛放的花朵，人們用如意寶和各種飾品來裝飾群象。國王登上他的座騎，王后、他的臣民們全都騎馬尾隨於後，隨行人員高舉旗幟，吹奏樂器和海螺號角。因陀羅德瓦國王這位偉大的領袖及其隨眾，心中充滿喜悅、滿足與豐沛的善意抵達了聖地。女子們唱著旋律優美動聽的歌曲，男子們則蜂擁而上，起勁活躍地又舞又演。雖然這些人來自許多不同的地區和鄉里，但是他們都同樣處於極喜之中。國王呈上他們所聚集的豐盛歡喜獻供物。龍族展現極為欣喜之情，因而出現在人類面前。龍族和人們一起品賞這個場景。

當日傍晚，國王和王后準備就寢時，國王、王后和大臣們都聽到天樂的旋律。然而在半

❸南無，梵文拼音為*Namo*（用河洛語唸音即可對照梵文原音「拿摩」），表示禮敬之意。

夜，他們卻知悉野蠻的龍族正計畫要傷害他們。國王拾起他那稱做「帕拉夏」的如意寶，並把如意寶放在頭頂上，做此祈願：「曖瑪！任運圓滿一切所需所想的如意寶，你是國王蘇普佩祈願之果。如果你確實是名爲帕拉夏的如意寶，那麼請滅除難以駕馭、野蠻無道、正在密謀加害我們的龍族。請立時賜予此聖成就！」由於此祈願力，如意寶的明燦光芒放射出許多火花，穿透蠻橫的龍族眾生。這些龍族眾生在剎那間化爲灰燼，消融入無二的狀態中。

在黎明的初曉時分，因陀羅德瓦國王和王后兩人都做了夢。國王夢見七種吉祥的徵兆。一串如意寶念珠融入他的身體，然後有一座白色的佛塔從他的頭頂升起。散發著虹光的光球從虛空降下，融入他的心間。白色的蓮花從他的牙齒綻放，在他的心間有一個金色的金剛杵，閃耀著五色光芒。一名年輕男子從湖中顯現，向因陀羅德瓦國王獻上一條絲巾。花朵從這名男子的雙掌綻放出來，充滿十方。

當國王醒來的時候，他告訴王后這個夢境。王后則回答說她自己夢見胸中有一顆盤旋、如帳幕般的水晶光球，並且夢見國王送她一只水晶寶瓶。她的肩膀上攜有一只五股金剛杵，紅色的光芒便從她的頭頂散發出來。她手持一根天杖②，由此自行顯現許多三叉戟。接著王后聽到有聲音說，這個景象將會出現在許多劫中。國王聽完王后所說的夢境之後，說他們兩人都領受到吉祥的徵兆，而這些吉兆必須由一名具有神通的聖者來做解釋。

其後，大臣們繞行聖湖，七名龍族少女立刻出現在國王面前，每位都攜帶一顆各不相同的如意寶。她們所持的如意寶分別名爲因札尼拉③、果夏拉、庫須塔蘇卡、帕若．果瓦炯、納拉雅那．巴拉達拉、巴給．卡多，以及木拉間。龍族少女們把七種不同的如意寶呈獻給因陀羅德瓦國王，然後她們讚頌道：「嗟！喔，力量強大的人類國王，因陀羅德瓦國王！我們的兄長要我們把這七個令人驚奇的如意寶送給您，當做他的供養。請享用這些如意寶，並且請定期、及時地供養我們！」

國王回答：「嗟！喔，七位美麗的龍族少女，請教妳們的家族姓氏是什麼？妳們的種姓是什麼？妳們的國家名稱是什麼？妳們在尋找什麼樣的伴侶？妳們所在地區的人們怎麼樣？請回答我的問題，並且誠實地告訴我，何等供養會給你們帶來最大的喜樂？」

當他說完之後，少女們回答：「嗟、嗟！偉大的國王，看著您，讓我們感到賞心悅目！您的力量和機敏唯有大梵天本身才能相提並論，而您的英俊瀟灑則如天眾之子。您的青春天賦，

---

② Katvanga，由續部本尊所持的三叉戟，飾以證悟之身、語、意的象徵物，音譯「卡杖嘎」。
③ 藍寶石。

一如財神毘沙門所具。您莊嚴的丰采無與倫比。我們屬於龍族，擁有巨大的財富與稟賦。我們出身王室種姓，八部的龍族是我們的臣民。我們的父親名叫頂嚴珍寶王，我們的母親是摩利支天女。我們七個全都是頂嚴珍寶王的女兒，我們的伴侶是梵天之子。我們的臣民包括百萬龍女。藥石、穀物、珍寶和寶瓶等供養會讓我們歡喜。」

聽完這些話之後，因陀羅德瓦國王供養她們五種不同的藥石、穀物、多種珠寶、自然稻作和寶瓶。然後七位少女返回她們的住所。此時，這七位少女呈獻給國王的如意寶，已悉心包裹在絲緞之中。接著，這些如意寶被放在一輛馬車上，在旗幟和喇叭、樂器的吹奏聲陪伴下，被運送回因陀羅德瓦國王的王國。偉大的因陀羅德瓦國王與他的王后、大臣和隨眾們也都回到了王國。

他們抵達王國之後，爲這神妙、吉祥的禮物舉辦了一場盛大的慶祝會。他們的幸運消息傳遍整個王國。他們恭敬地把如意寶放置於王室的勝利幢幡上，以表達崇敬和讚頌。因陀羅德瓦國王定期向如意寶行供養，王后則每天對著如意寶做大禮拜和繞行。

一天晚上，當國王和王后正在行魚水之歡的時候，一道燦爛奪目的明亮橘光出現在他們眼前，然後消失。王后看見光芒融入國王的前額，國王則看見光芒進入王后的喉部。三個月後，王后開始感到不適，並得知自己懷有身孕。

有一次，當國王詢問王后的健康情形時，他們兩人都聽到從王后腹中傳來動聽的話語：「噯瑪！大慈的父王！傾聽您的孩子要說些什麼。大樂啊、大樂，我感到如此充滿大樂！這容器——我母親的身體，乃是大樂的淨土、勝者的宮殿。這男女的白紅菩提甘露，乃是方便日與智慧月的大樂。這白絲般的胎盤披覆，乃是大暖與軟觸之大樂。這個六角的法源子宮，乃是一切勝者的大樂所源。我母親體內持命氣的運行，乃是兩萬六千種生命能量的大樂運行。中脈和五個主要的脈輪④，乃是五佛部淨土和三種證悟體現的大樂。支脈的生起次第，乃是超越五道和十地的大樂。我母親身體運作的事業活動，乃是空行母歌舞的大樂。我是偉大的佛母：白衣佛母，爲了利益有情眾生的大樂顯現。我的本質源自佛父不動佛，空性則由蓮花中解脫。

「這是國王之女的大樂種姓，自生金剛的父續之樂，成辦利他事業之樂，實爲五智的諸根之樂，了知解脫實爲自身本覺的自明之樂，以及供養龍族的安樂之樂。我大慈的父親，如今這一切都回過頭來呈獻予您。」

④這五個脈輪位於意生身的五個主要能量中心內，分別是頭頂的大樂輪、喉部的圓滿受用輪、心間的法爾輪、臍部的幻化輪，以及密處的護樂輪。

國王和王后兩人都爲此感到喜不自勝。十個月後，王后臨盆之際，上方的虛空充滿了男女天眾。當這些男女天眾爲這孩子沐浴、唱著吉祥歌曲時，花朵如陣雨般從天而降。在樂器和歌舞的伴隨之下，龍族呈獻供品。國王和大臣們爲此歡慶。在生產之時，王后體驗到大樂。她的女兒則穿著絲衣，以仙人之姿⑤出世。

新生的嬰孩說：「啊，啦，啦，吙！在不變大樂界的宮殿中，我是明光展現的妙嚴天女。我已在母親腹中成就十地和五道⑥。我來自空樂之廣袤虛空。喔，大慈的父親、母親，我恭敬地向您頂禮，並且祈願能回報您們的恩慈！」

言畢，她恭敬地向父母行大禮拜。國王和王后欣喜地將她命名爲「賜樂天女」（Tushtikaradevi 荼須緹卡拉戴薇）。由於她出生時被包裹在絲綢之中，他們也把她命名爲「白衣女」（Pandaravasini 潘達拉娃希妮）。因爲她出生的名聲廣爲傳播，他們也把她命名爲「賢稱女」（Kirtibhadra 克緹芭拉）。然後，國王和王后邀請賢哲前來，希望他能夠指示一個最吉祥的名字。賢哲依言而選名之後，國王又懇請賢者預示他的女兒是否會成爲一個轉輪聖王⑦的王后。

賢者回答：「這女孩是一名清淨的本初智慧空行母，是大樂之女。她將解脫所有凡俗輪迴之界。身爲白衣佛母，她是一切諸佛及子嗣之母。轉輪聖王之后的地位遠不及她。她是一位正等正覺者的無垢體現。由於她是這麼一位可虔敬供養的對象，因此不要把她視爲輪迴中的人物！」

聽完這些話語之後，國王及其所有臣民都爲之隨喜。從那個時候開始，公主日益秀美。她在一天內所生長的程度，其他人要花一整年才能達成。在她十一歲那年，她坐在寶吉祥佛的足前，進入佛法之道。寶吉祥佛宣佈她將成爲金剛佛部之佛母，是獲致全然證悟覺醒已達八萬九千年的女性持明者，並且與無量壽佛無有分別。依照此一授記，她進入佛法之道。她在一個名叫納美托塔的地方出離輪迴，發展出超乎想像的神通力以及神妙事業。她無窮盡地爲一萬六千名的有福弟子轉動法輪。

於此同時，在極樂淨土，受具足戒❹的比丘法藏（Dharmakara，或曇摩迦）覺醒證悟。然後無量光佛阿彌陀佛與其廣大的眷屬，以及五報身之無量淨土，都爲白衣佛母的覺醒證悟致

---

⑤仙人姿（rishi posture）是指聖者或聖托缽僧（holy mendicant）長時間靜坐禪修時所採取的姿勢：腳掌朝下，雙足在腳踝處交叉，雙膝靠近胸膛，手肘置於膝蓋上面，雙臂在胸前交叉，指尖碰觸另一邊的肩膀。

⑥十地和五道是大乘佛教的基礎和修道。五道分別是資糧道、加行道、見道、修道和無學道。十地分別是歡喜地、離垢地、發光地、焰慧地、難勝地、現前地、遠行地、不動地、善慧地、法雲地。

⑦轉輪聖王（chakravartin）是擁有統御世界功德的君王。只有在人壽長達八萬年至無窮之時，轉輪聖王才會出現。

❹指比丘、比丘尼在出家時所應受的戒律，內容比居士、沙彌、沙彌尼的戒條更多，是為完整的戒律，故稱為「具足」。

意。他們認同她自人壽無量的無數劫以來，一直無別於怙主阿彌陀佛，並且尊她為阿彌陀佛之開悟智慧佛母。她也發願要以不可思量的方式來示現，以度盡輪迴之深淵。

三昧耶

稱作《珍貴寶鬘》的
《沙霍公主曼達拉娃的生世與解脫》
之第二章，
述說她出生成為國王因陀羅德瓦之女，
以及她獲致證悟的故事，
至此圓滿。

3 婚嫁日藏王子

自從白衣佛母在極樂淨土獲致全然證悟之後，她以許多不同的方式化現，藉以調伏輪迴眾生。

繼「千明光」劫之後是「寶覆」劫。在寶覆劫期間，正等正覺之佛金剛藏來到這個世界。在蘇卡瓦納這個國家的塔瑪度王宮中，名為「瓦如納瑟那」的國王是一位聖者，王后阿南達師利，即吉祥喜之意，出身王室種姓，身負王國精神修行方面的責任。他們的王子名叫日藏。

當日藏王子要選妃的時刻來臨時，消息傳遍整個王國。他們決定派大臣寶吉祥賢前往眾多王國尋找合適的對象。剛開始的時候，由於幾次搜尋未果，寶吉祥賢決定前往聖者之國。那個國家的國王名叫蘇巴，王后名叫堅蕾瑪。蘇巴國王和王后育有七個兒子和一個女兒。他們有一座富麗堂皇的宮殿「薩瑪圖」，他們的財富和能力是如此的廣大，以致於他們所有的臣民都擁有巨大的力量。

寶吉祥賢好奇地想要一探究竟。當他前往宮殿的時候，被附近一座美麗的花園所吸引。他靠近一看，只見花園旁邊有一個浴池，蘇巴國王、王后及其子女正聚集此處。佩戴珠寶的公主看見寶吉祥賢，於是走向他說：「嗟！擁有殊勝善德、吉祥功德和動人外表的大臣！請告訴我，您來自哪個王國？前來此地的目的爲何？您的父親和母親是誰？國家的名稱是什麼？您的種姓、您的氏族爲何？您的職業是什麼？您的國王叫做什麼名字？他的兒子是不是叫做日藏王子？您的王國有多大，有多少省分，有多少人口？可敬的先生，請仁慈地回覆我的問題。」她用柔美、笑容滿面的臉龐和悅耳動聽的言語如此詢問。

大臣寶吉祥賢回答：「嗟！喔，國王之女，請傾聽！我的國家名叫做蘇卡瓦納，是一個極爲討喜的地方。我的國王名叫瓦如納瑟那，他的伴侶，也就是他的王后，名叫阿南達師利。他們的兒子確實名爲日藏。美麗的公主！日藏王子的地位和聰明才智都與妳相當，這包括他的種姓職業、靈性、力量、統御力、聲望等等。我出身王室種姓，我的父親叫做德文札師利，我的母親是至爲美貌的帕嫫．瑟登，我的姊妹叫做克謝瑪迭哇。我名叫寶吉祥賢。我代表瓦如納瑟那國王之子日藏前來此地。日藏王子正準備登基爲國王，擔負起統御王國的責任。但是首先，他必須找到最適合的女子做爲他的妃子。我前來此地尋找這樣一位太子妃。請把這個消息轉告妳的父親、母親和兄弟。」

公主依言走到她的母親面前，並且說：「嗟！喔，給予我身體的仁慈母親，喔，慈愛的守護者，親愛的母親，我出生的容器。國王瓦如納瑟那的大臣寶吉祥賢在此。他爲了日藏王子的登基大典而前來尋找一位適合的太子妃。請把這個訊息呈報國王。」當她說這番話的時候，寶吉祥賢驚嘆公主的出色和秀美可人。他納悶她如何會知道日藏王子，並相信她對日藏王子來說既合適又有助益。於是大臣寶吉祥賢決定，這位公主是后位的首要人選。

王后走到國王面前，恭敬地說：「嗟！聖者種姓之王，法王瓦如納瑟那已經派遣他的大臣寶吉祥賢前來。名爲日藏的王子即將登基，他們正在尋找一位相配的王妃。他要求把這個訊息呈現給蘇巴國王您，並且請求您仁慈地給予回應。」

國王做出以下的回答：「聖者的王族世系等同如天，其王族世系的傳承榮耀如同日月一般。我們的女兒應該只嫁予轉輪聖王。把她嫁給其他人將會是最大的損失。這位大臣以偉大法王瓦如納瑟那的特使身分前來，我應該給他什麼樣的回應？我們必須審愼斟酌回覆的用詞遣句，這有其重要性。」

接著，大臣寶吉祥賢被領到國王面前，並說出以下的話語：「嗟！聖者之王蘇巴瑪尼達拉，請仔細傾聽我請求的要點。我來自蘇卡瓦納國，我的國王名叫瓦如納瑟那。日藏王子是國王瓦如納瑟那的兒子。他心向修行，其程度無人能及。他的外表是如此動人，讓人無法轉移目光。他身軀的俊美可以與天神梵天匹敵。他的言語既悅耳動聽又深奧。日藏王子正值青春的巔峰時期，即將繼承父親之位爲王。我前來此地尋找一位適合成爲他王妃的少女。這位少女在種姓、秉性才能、家族世系和容貌方面，都必須與之相配。國王，您擁有這樣的一位女兒，我懇求您容許您秀美動人的女兒來到我們的王國。」

國王回答：「嗟！喔，偉大國王瓦如納的大臣，我的女兒納妍止擁有不可思議、超凡絕倫之相。她的面容極爲姣好，她的父母和手足都擁有善美的性格。由於她的品德和學識是如此出眾，我很難把她交付給任何人。」聽完國王所說的話之後，大臣寶吉祥賢把這些話謹記在心，迅速返回他的國家，面見國王瓦如納瑟那。在王后和所有臣民面前，他做出以下的陳述：「嗟！眾神間至善的國王和王后，我已經旅行至十個國家，卻無法找到一位適合的王妃來參與我們未來國王的登基大典。在旅途的最後，我來到蘇巴國王的王國，他的宮殿叫做薩瑪圖。當我抵達之際，國王、王后和他們的子女正在一個美麗的蓮花池裡沐浴。國王有七個兒子和一個女兒。身上飾有珠寶的女兒看見我，走過來問道：『嗟！具有崇高品格的出眾大臣寶吉祥賢！您爲何原因來到此國？您父親、母親的名字是什麼？您的種姓是什麼？國家的名稱是什麼？您的國王叫做什麼名字？』她甚至指名道姓地詢問日藏王子的種種。我謹慎地回答她的問題。她把這些訊息帶給王后，王后則把這些訊息傳達給國王。然後我前去面見國王，再次說明任務的目的。當我詢問國王關於他的女兒時，他用如聖者詩句般的話語來回答。」

國王和大臣決定，無論如何，日藏王子必須完全知悉此事。於是國王前去會見他的兒子，並且用柔和的話語說道：「嗟！佛法之守護者，日藏，回報你雙親仁慈的人！請聽你父親最衷心的希望。我派遣大臣寶吉祥賢前往大約十個國家，尋找合適的王妃，最後他遇見蘇巴國王的女兒納妍止。她的美貌無與倫比，擁有許多奇妙徵相。可以肯定的是，她是成為王妃的合適女子。請告訴你的父親，你心裡覺得我們應該怎麼做！」王子回答說，有必要去徵詢吉祥的夢兆。

在滿月之時，他們供養豐盛的供品給三寶。其後，國王和日藏王子供養許多祈願文，然後雙雙入睡。日藏王子做了一個極好的夢。他夢見帶著紅暈的白光從東方升起，融入他的身體。然後他融入光中，成為一個「吽」字。從這個吽字之中，出現涵攝三個銀河星系的「啥」字。宇宙和所有情器都閃耀著五色光芒，這一切都被覺知為吽、啥兩字的精華本質。無量的光芒持續籠罩著三個銀河，光芒照耀之處，都出現種子字。國王則夢見一只內有一塊白絲布的中空水晶容器。這只容器出現在東方，他把容器交給兒子。當日藏把容器拿在手中時，他把那塊白絲布垂掛在身上。然後日藏自己變成那只水晶容器。國王夢見這個事情的消息傳遍十方。

隔天早晨，國王和日藏王子都覺得他們的夢境蘊含吉兆。他們聚集許多珍貴的珠寶、財富及其他有助益的物品，然後國王代表他的兒子寫了一封信函給蘇巴瑪尼達拉國王。他們在這封用金汁所寫的信函中說道：「嗟！聖人之王，吉祥之蘇巴瑪尼達拉！您的女兒納妍止極爲動人，具有大樂之本質。爲了維護我王國之王位，請把她賜給我，並請接受這些最珍貴的豐盛享用物品。請爲這幸運國王之子帶來喜悅，並以認可此門當戶對之聯姻來表達您的大慈！」

爲了親手把信交給蘇巴瑪尼達拉國王，大臣寶吉祥賢動身出發。當他抵達蘇巴國時，出乎意料地看見國王蘇卡帕拉、國王蘇巴瑪尼達拉和他的兒子巴拉．烏迪、國王卡薩帕納及其大臣哈金，以及許多其他人。在那裡，有來自大約十三個王國的國王和代表，以及內外大臣，都攜帶無數種的財富。他們全都想要爲他們的王國贏得公主。大臣寶吉祥賢請求謁見國王，並且把禮物和國王瓦如納瑟那用金汁寫成的信函呈給蘇巴國王。國王讀完信件後，便與內外大臣、王后和所有的兒子商談。

然後，蘇巴國王對聚集在此的臣民說：「嗟！來自各方的國王們已經來到這裡，試圖贏得我出色女兒之手。如果我答應把她賜給任何一位國王，那麼肯定會得罪其他的國王。不論我怎麼做，都可能會爲我們的王國帶來巨大的傷害。不把我的女兒嫁給任何一個人，會不會是明智的做法呢？請你們用智慧和聰明才智來思量處理這個問題的最佳方式。」

蘇巴國王說完這番話之後，臣民之間展開大量的討論。然而，並沒有能提出最終的解決方案。接著，王后說道：「當我們的女兒納妍止出生的時候，她的身上包裹著白布，並且展現舞蹈的能力。她移動手來賜予灌頂。於是我們把她取名爲納姸止，意即具力的舞蹈之女。她是一位極爲標致美麗的明妃，在這片大地上行走的任何其他人都無法與她匹敵。我珍愛她如同珍愛自己的心。因此，想到要把她送走，讓我感到巨大的悲傷。由於這麼多國家聚集在此想得到她，因此我們沒有足夠的力量不採取行動。如果我們沒有小心翼翼地做出決定，可能會面臨失去國家的危險。此時此刻，由於業力的緣故，我們難以保住她。我們應該讓她決定自己的未來。但是無論是誰得到她，都將會有其他人試圖盜取她，她將會被迫經歷無法忍受的痛苦。我覺得我的心好像被人從胸膛中扯出來一般！喔，我們能做些什麼呢？」王后說完這些話後，流下了眼淚，哀傷地凝視國王。

他們全都同意公主應該自己做出選擇。於是國王、王后和公主的兄弟們前去她那裡，他們小心謹慎、憐愛地這麼對她說：「嗟！美麗動人的女兒，妳是父母之心，兄弟之眼，請聆聽。許多國家的國王、臣民和使者們，已經帶著大量的財富和用金汁寫成的信函聚集在此，他們全都要求把妳帶回他們的王國。他們的人數是如此眾多，已經遍滿這個王國的內外地區。我們無法決定該怎麼做。雖然想到即將失去妳，爲我們帶來巨大的悲傷，但是在此同時，我們也擔憂王國的安危。喔，女兒，不論妳去哪裡，我們都尊重妳的決定，因爲我們知道，那決定會是正確的。喔，諸天之女，請告訴我們妳希望怎麼做。」聽完這些話之後，納姸止對她的父母和兄弟說：

「嗟吠！唉呀！喔，父親，殊勝傳承的天眾之王，賜予我身體、讓我居住在裡面的仁慈母親，以及慈愛的同胞兄弟們，你們全都心懷深愛地看護著我，並且對我說出肺腑之言。這些帶來喜悅和悲傷的惱人問題與說明不會影響我，因為我無意去持守任何一個王國的世俗事務或責任。藉由覺醒的利他菩提心做為我發心的力量，我的行為必須隨從前業之力。

「在今生之前，我以無上佛母和白衣佛母的身分住在極樂淨土。現在我身為聖者之王的女兒，除了圓滿有情眾生的需求之外，別無其他的目的。藉由先前祈願的力量，身為聖觀世音菩薩化身之一的日藏王子和我皆已生起菩提心。我絕對不應該嫁給一個凡庸的丈夫，這種丈夫的身體是帶領其他眾生墮入輪迴惡趣之因。為了這個王國的緣故，我應該悄悄地逃往未來會成為國王的日藏之宮殿。父親、母親和兄弟們，請好好修持佛法。在此輪迴處，我們必定要忍受無盡的痛苦。從輪迴中解脫是我給予你們的衷心忠告。我對此輪迴無有任何的執取。透過大悲的法門，我將為有情眾生努力不息。藉由成就阿彌陀佛之令，我前來此地指引你們所有人臻至聖者之境！」

聽完公主的話語之後，國王、王后、兄弟們和大臣們都深受感動，對公主生起虔敬心和敬意。正如她所說的，公主和她的侍者逃離王國。在旅程的第七日，公主的侍者突然生病過世。公主為侍者施行遷識法，引導她前往淨土。

七天七夜過去了。一天早晨，在黎明的稍早時分，日藏王子醒來，凝視面前虛空。突然之間，聖觀世音菩薩顯現，散放出十萬道眩目的光芒，幾乎令人無法正視。然後，觀世音菩薩對日藏王子說：「我的孩子，現在你必須從沉睡中醒來。在此地的東方，聖者之王的女兒納姸止已經透過神通力量逃離她的王國。在那片天眾的大樂之土上，許多國王和王子們仍然積極主動地表示要迎娶公主。此時她正前來要與你會面，目前正在此地北方遠處的路上。爲了護持佛法和利益眾生，去尋找她吧！」

日藏王子領受此一授記之後，召集所有的大臣，告訴他們，他們必須展開一段重要的旅程並前往北方，爲一個非常吉祥的會面做好準備。日藏王子依此把大臣們聚集成各個分隊，每個成員身上都飾有絲綢錦緞和珍貴的珠寶。他們北行到貝瑪．策帕（Pema Tsegpa）湖畔。七天過去了，當太陽高升天際之時，未來的國王對眾人發表演說。他說，由於許多國家的國王聚集在蘇巴國，要求與蘇巴國的公主聯姻，因此，聖者之王的女兒納姸止已經逃離她的王國。他告知大臣們，納姸止公主即將抵達，並且會加入他，以利益眾生。他號召他們用歌曲、舞蹈和器樂來慶祝，如此使得一切都盡可能地吉祥歡欣。如是迎接公主之後，他們全都會陪伴公主一起返回王國。在日藏王子說完話之後，他們全都前往湖邊等候公主的到來。接著，他們引頸目睹從東方的虛空中，出現一團盤旋的虹彩光芒。花雨和適合天眾、龍族以及人類的如雲供品盈滿天空。然後，納姸止自身在燦爛光明的光芒環繞下，出現在眾人眼前。王子和所有的大臣爲她舉行盛大的歡迎會。

在此同時，來自其他國家的國王開始懷疑年輕的公主正隱藏在王國的某處，他們到處尋找。一些國王認爲，她可能隱藏在一個深谷或裂隙之中；他們甚至挖掘地面，在地底尋找她的蹤跡。一些國王認爲，她可能隱藏在一個寶庫之中，於是他們搜尋各地的寶庫。他們也在山間搜尋。不論他們在何處尋找，都遍尋不著她的蹤影。最後，他們不得不筋疲力竭地空手返回自己的王國。

日藏王子派遣大臣瑪尼．拉納先行前往告知國王和王后正在發生的一切。然後，整個王國的居民聚集在一起，他們打鼓並演奏許多不同的樂器。在手持焚香者和王室子女的引導之下，日藏王子和納姸止公主這對新人抵達宮殿。整個王國展開爲期一個月的慶祝活動，人們廣大地供養所皈依的三寶，整個王國都從事著各項遊戲比賽、運動和歡樂的活動。大臣寶吉祥賢和他的兒子古納．因札加入所屬的團體並展開慶祝。

在此之後，國王瓦如納瑟那繼續統治王國三年。有一天，他召集兒子日藏、納姸止、內外大臣及其隨從們，舉行一場會議。然後，日藏和納姸止在那個時候正式繼位，統御王國。首先，他們施予貧窮和有需要者大量的食物、衣服等救濟品。他們施行一項新的法律，尊佛教爲國教，並把弘揚佛法當做新政府最重要的一項工作。他們供養國王和王后，受到每個人的敬重。納妍止傳授密咒乘的教法，王國內一切的有福民眾都被帶上佛法修道。最後，整個王國的十萬居民於同一壇城，獲致證悟。

三昧耶

稱作《珍貴寶鬘》的
《沙霍公主曼達拉娃的生世與解脫》
之第三章，
描述曼達拉娃如何化現成爲聖者之王女，
婚嫁日藏王子，帶領整個王國心向佛法，
並且逐漸引領全國民眾臻至正等正覺之境界，
至此圓滿。

4 在卡尼卡王國

從此之後，三世諸佛就允准諸佛之佛母——空行母白衣佛母，要她顯現化身以賜予五身①之灌頂。在那個時候，從她的眉間放出一個白色的「啥」字來到這個世界；從她的喉間放出一個紅色的「啥」字朝東方的普陀淨土散放光芒；從她的心間有一個明晰的藍色「啥」字放光進入天道之上界；從她的臍部有一個明亮的黃色「啥」字放光進入龍王聖妙宮殿之下界；從她的密處有一個綠色的「啥」字放光進入阿修羅道。藉由她的定力，各種子字都出現十億化身。

這一切都發生在「光明劫」❶之時。那是拘那含牟尼佛②住世的時期；拘那含牟尼佛是在此賢劫來世的千佛之一。位於東印度的卡尼卡城，有一個名叫卡拉悉地的國王，他賢德的王后名爲普須帕朗卡拉，即「飾以花朵」之意。佛陀的教法尚未在這個王國傳佈，而國王卡拉悉地強烈地直覺到調伏眾生之心的時機已經到來。他頒佈禁絕殺生的禁律，然而當人們忽視這條法律時，他開始生病並因此離開人世。

王后普須帕朗卡拉在國王離世的震驚之下，感到極大痛苦，因而來到拉雅雅（Rayaya）湖畔。就在她即將投湖自盡時，一名英俊的年輕男子突然出現在她面前。這名男子懷著喜悅的信心走近她，問她爲何置身此地。普須帕朗卡拉回答：「我無法承受巨大的痛苦和悲傷。我的丈夫是偉大的國王卡拉悉地，以他的權勢聞名於世。」她痛苦地嗚咽慟哭，訴說著突然失去摯愛王夫的極大不幸。

於是，年輕男子對她說：「雖然國王卡拉悉地已經過世，但是現在我在這裡。我前來做爲妳的丈夫。請勿感到絕望！過來這裡，年輕女子，讓我們一起返回王國。」年輕男子說完後，普須帕朗卡拉感到心情的轉變，並且變得對此年輕男子感到依戀。然後他們一起返回王國。整個王國的人民都認爲普須帕朗卡拉所找到的年輕男子，不是天神之子，就是一位王子，每一個人都著迷於這名年輕男子。他們把財富和物資供養給這名年輕男子，並且立他爲新的國王。王

①五身除了三身之外，還包括第四身法性體性身（自性身；梵文拼音 *svabhavikakaya*），以及第五身大樂智慧身（完全覺醒證悟之身；梵文拼音 *abhisambodhikaya*；藏文拼音 *mngon byang sku*）。

❶光明劫（Age of Luminosity）是指我們現在這個時期，即有釋迦牟尼佛出世之劫，也就是現在劫。劫，乃佛經中的時間單位。此劫會有千佛出世，故亦稱之為賢劫。

②拘那含牟尼佛（Buddha Kanakamuni）即於此賢劫，在我們這個世界出現的千佛之第二位。

后覺得自己彷彿再次成爲年輕少女，深陷愛河，覺得非常喜悅與快樂。

一天晚上，普須帕朗卡拉心想：「我很好奇這名年輕英俊的男子來自何處？我甚至沒有問他從哪裡來，也沒有問他的父母是誰、他的種姓和家族世系爲何。雖然他的相貌如同天眾般俊美，但是我必須詢問他的背景。」於是普須帕朗卡拉走向他說：

「嗟！神妙且充滿魅力的年輕男子，請將您歡喜的注意力轉向我，並且聆聽。在我面臨無可忍受的悲傷，即將投入拉雅雅湖自盡時，您突然出現。我忘卻悲傷，並且從您身上感受到如此的大樂。我覺得自己的福德殊勝，我隨喜自己如此極爲有福。不過，我對您的背景、家世、父母等等仍然感到好奇。請仁慈地告訴我關於您的種種。」

年輕男子回答：「噯瑪！多麼奇妙！我的父親是本初佛普賢如來，我的母親是空樂的本初智慧：普賢如來佛母。我是偉大而充滿力量的馬頭明王[2]之化身。在妙觀察之本初智慧明覺的淨土，少女普須帕朗卡拉，妳出身諸佛之世系。妳的悲傷和抑鬱無有來處，而且不會帶來任何利益或結果。

「眾生在輪迴大海中，被前業之浪拋來擲去。居住和停留在這個王國，如同落入火坑一般。難道妳不認爲這如同監獄、通往輪迴下三道的業行存在，無異於爲投生地獄道播下更多的種子？國王在生前所從事的世俗活動，不過是妳負面行爲不斷累積之因。此時此刻，妳應該對這個王國生起出離心，並且明白妳踏上正等正覺修道的時機已然來到！」

王后開始哭泣地說：「嗳瑪！請求你，年輕的男子，讓我們永不分離！我會對你言聽計從。」說完這些話之後，她日日夜夜不斷地感到痛苦。經過一段時間後，年輕男子又對她說：「少女，妳和我不應該離開這個地方。從現在開始，妳必須盡力清淨地成就佛法。」於是王后依言立下誓願。就是在那個時候，她遇見出外托缽化緣的拘那含牟尼佛，並且在他的面前受菩薩戒。

在那之後，王后開始修學珍貴的佛法之道。一天傍晚，空中出現一個閃爍光芒的白色「啥」字。這個「啥」字從空中降下，變成兩個，其中一個「啥」字融入年輕男子的體內，同一時刻，王后則感覺到另一個「啥」字融入她的心間。隔天早晨，年輕男子下令：「普須帕朗卡拉，起身並行供養。由於過往的業力，妳將會產下一女。」普須帕朗卡拉說，她並未懷有身孕。年輕男子則回答，前晚的覺受代表有個孩子將要出世。

❷馬頭明王，梵文拼音 *Hayagriva*，或譯為馬頭觀音、大力持明王，具有馬頭與火焰般的髮鬚，為蓮花部忿怒持明王，乃觀世音菩薩的忿怒相。

接下來的十個月，「啥」字的音聲持續從她腹中響起。由於她如此頻繁地重複聽聞這個音聲，於是開始納悶那是什麼，並且感到自己懷有身孕，儘管她並未感到任何痛苦。王后就詢問年輕男子，他充滿笑容地回答，那正是他先前所說的事情。十個月後，她產下孩子。當時，虛空中出現虹彩光芒，花朵如雨般降落，雲端傳來樂器演奏的聲音。每個人都在說，國王和王后喜獲麟兒。

當孩子滿月時，人們才知道那麟兒其實是位千金。在她出生的那一刻，她就已經坐起來，說出「啥！」這個字。她擁有一切不可思議的奇妙徵相，因此大家都同意這是個女孩。國王替她取名爲歐瑟·楠堅，即「光明莊嚴」之意，之後大家便如此稱呼她。

在父親的督導之下，她從八個月大就開始研習佛法，一直到十六歲。有一天，當她看見父親時，說道：「噯瑪！諸佛勝者的神妙事業，大力的父親！雖然基融入了無基礎的本淨自性中，但是諸佛示現的化身卻永不止息。我和天眾也有所因緣，因爲我的自性是聖者之自性。我是曾發下甚深廣大之殊勝祈願的女子。」她說完此話後不久，白色的虹光從天上流降至宮殿上，國王步上虹光，彷彿那是一個階梯。沒有什麼能夠阻止國王，他便融入虛空之中。歐瑟·楠堅公主成功地安慰痛苦的母親，並且接掌王國的行政與立法，整個統御都以佛陀的教法爲依歸。

一天，當歐瑟．楠堅出遊至外面散步時，碰巧遇見約五百位尼師在蓮花園中聚集。那個花園中，有一朵多瓣的壯麗蓮花，如同壇城一般。這朵蓮花的花瓣尖端散放出明燦的白光，耀眼得令人難以注視。所有尼眾都不由自主地看著此不可思議的景象。更近一瞧，她們看見在蓮花蕊心中，有一個十六歲的少年，他散發著明燦光芒，面露微笑，極爲動人。他擁有一切圓滿之大人相和隨形好，令人如著迷般地注視著他。

然後，少年對她們說：「噯瑪！令人驚奇的天眾少女，歐瑟．楠堅和妳的五百位化身，妳們今天會來到此地，眞是至爲殊勝。妳的面容如同一只經過美繪的海螺，牙齒如同一串白色蓮花。妳的舌頭如同一條芙蓉紅色的絲帶；微笑的嘴唇如同芬芳甘美的蓮花花瓣那麼吸引人。妳細長的眼睛和眉毛細緻完美。妳的手臂和雙腿比例完美。妳的皮膚柔軟滑順如同羚羊的毛皮。妳的手掌和腳掌纖巧細緻，如同烏巴拉❸蓮花的花瓣。妳的雙峰豐滿性感，祕密蓮花豐盈精美。妳的頭髮是藍綠色的，額頭如同閃亮的白色月亮。妳的腰部纖細，儀態如同十六歲少女般誘人而充滿魅力。妳是一切諸佛之無上佛母的化現；我是大悲尊主觀世音菩薩的化現。我從一

❸烏巴拉花，梵文拼音 *utpala* 或 *udumbara*，或譯優曇婆羅花、優曇鉢羅花、青蓮花，意指罕見稀有。

朵清淨的蓮花中神妙地出生。美麗的少女，妳身爲支撐整個王國的唯一本尊，因爲業力之故而前來此地與我相見。空行母，妳已經把妳的整個王國帶上佛法之道！」

接著，歐瑟．楠堅女士和她的五百位隨眾對少年說出以下的話語：「嗳瑪！從蓮心間出生，不可思議的高貴少年，見到您讓我們欣喜若狂。看見您的容顏如同爲我們解除饑渴。請慈悲地跟隨我們回到宮殿。」

她們仔細檢視並且判定，從各個方面來說，他都十足是佛陀的化身。他的面容如同以精緻畫筆描繪的海螺；他的手掌和腳掌如同巴利花的花瓣。他藍綠色的頭髮如同絲巾般纏繞頭上。他的鼻子比例完美，他的雙唇豐滿，他的杏眼圓滿，他的眉毛彷彿是由虹光所構成。他穿戴珍寶飾品。他的笑容散發魅力與安樂。他是個大約十六歲的少年，正值年輕力壯之期，是如此的奪目，以致人們難以不注視。他的身形擁有圓滿之大人相和隨形好；他的言語悅耳動聽，聽起來如同天堂鳥的鳴唱。「您是一位偉大的聖者，確然是我們虔敬與供養的對象，」她們告訴他，「請起身，隨我們同行！」

於是，他從燦爛的光芒中起身。他的步履所到之處，花朵自然隨之綻放。因此，他以「貝瑪」或「蓮花」這個名字聞名。他也以歐囊．帕美，意即「無量光顯」，或是貝美．貢帕．謝巴，意即「足生蓮花」，以及達卡迪帕提，意即「空行母之主」等名號而爲人所知。

他隨她們返回王國，並且在那裡護持佛教教法。他給予歐瑟・楠堅密咒灌頂。歐瑟・楠堅行持修道的諸次第，直到她的福德成熟，獲致解脫爲止。王子歐囊・帕美、公主歐瑟・楠堅和他們的眷眾，一起把整個王國的所有人民帶向虹光身③的解脫境界。自此之後，這個王國以「虹身解脫之大力處所」而聞名。

三昧耶

稱作《珍貴寶鬘》的

《沙霍公主曼達拉娃的生世與解脫》

③虹光身（rainbow body）是修持任運顯現頓超法（the practice of crossing over with spontaneous presence；藏文拼音 *lhun grub thod rgal*）的獨特成就，乃修持大圓滿的主要法門之一。藉由成就此一修行，行者可以證得虹光身，即在死亡的時刻，肉身融攝成爲光的能量。虹光身有兩種，此處所指的虹光身包含這兩種，分別是：「有餘虹身」（rainbow body with remains），即死亡時，只留下頭髮和指甲；另一種是「大遷轉虹身」（rainbow body of the great transference），即死亡時，完全消失於虛空中，沒有留下任何東西。

之第四章，
敘述她在人類世界（印度的卡尼卡王國）的第一個轉世，
和她如何把整個王國帶向佛法，以及逐漸成就佛果的次第，
至此圓滿。

5 在達瑪如王國

從空行母白衣佛母的喉間，一個閃耀光芒的「啥」字直接射入東方普陀淨土的宮殿中。在普陀淨土，一面具有八種清淨功德的乳白色大湖中央，有十六大洲，每大洲各有十六小洲環繞。東方的兩大洲是達察寇莎、彌察拉須彌，在那裡有兩位聖者：眾生遍伏和殊勝的卡薩巴尼（空行觀音），對無數弟子傳授無量慈心之佛法。位於南方的兩大洲分別是喀卓寇帕和仁千浮由哈，在那裡，不空絹索（觀音名號之一）和寶勝對無數弟子會眾教授悲心之佛法。位於西方的兩大洲分別是帕拉達和帕拉帕徹．堅，在那裡，聖者蓮花和聖者頂髻尊勝對無數弟子教授喜心之佛法。

在北方的兩大洲是跋折囉潘堤和傑佩培，在那裡，聖觀世音菩薩和蓮花舞主對無數弟子教授平等捨心之佛法。在東南方的兩個洲是麥持堪塔和拉納朗卡拉，在那裡，悲愛和光明熾盛自在對無數弟子教授行部和事部之密續教法。在西南方的兩個洲是木拉惹薩和聖寇察，在那裡，聖虛空王和聖深絕天尊對無數弟子教授最高乘之佛法。在西北方的兩個洲是德唯．察千和貝瑪拉悉，在那裡，寶光和聖遊戲對無數弟子教授三乘之佛法。在東北方的兩個洲是蓮花遊戲和金剛部，在那裡，神聖的祥積王和普持自在對無數弟子教授阿底瑜伽①之教法。

在普陀山中央的清淨宮殿「具力蓮花」，也就是壇城所在之根本地，觀世音菩薩以千手千眼「佛陀勝海」的身相駐錫於此，他在此地對一群數量廣大的十地菩薩教授無礙的勝義諦佛法。在此淨土中，一切都燦爛輝煌、明亮耀眼。淨土中有美麗的草地、純淨的水池、蓮花園和甘露河。此淨土還有如意樹，樹枝和樹葉是由精緻的絲緞製成；樹枝上果實纍纍，果實是由成堆的珍寶聚成，珍寶如雨般落下。天鳥發出悅耳動聽的啁啾聲，唱著祕密咒音的歌曲，男女天眾隨著旋律旋轉舞蹈。如雲的大量供品提供一切渴望之物。宮殿都綴飾著五種珠寶，所有的眷眾都呈水晶色，散發光芒。此地沒有日夜之別，只有自生的本初智慧光明。食物、衣服和奢華的物品都如願地任運顯現。在此淨土中沒有迷妄，所以痛苦和疾病都不存在。在這個大樂淨土中，痛苦悲慘這個字眼聞所未聞。在這個圓滿的聖者淨土中，崇高的功德超乎想像。

於此淨土下的北方，有一個叫做「達瑪如」的國家。在這個國家所能找到的物質就是血、肉與骨骼。此地籠罩在殺戮的黑暗之中。那裡沒有憐憫或慈悲，居民對了悟者沒有信心。那是一片黑暗的土地，沒有諸佛來調伏眾生。所有的女性居民以取他人性命為樂。她們的面目粗野而紅潤，她們的舉止是那麼的野蠻，只消看她們一眼，就令人感到恐懼和害怕。她們甚至殺害自己的父母，取他們的血肉做爲祭品。

迦摩縷波②位於此地的中央，是一座巨大的宮殿，周長達數哩。無德邪惡的國王辛塔居住在這座宮殿中，他每天召集大臣們屠殺數萬居民以供享用。他擁有三十萬個臣民，全都僅供他差遣。那裡有面叫做「囊帕千」的湖，湖中血浪渦漩高漲。在這面湖裡，有一座魔王黑夜叉的宮殿。此湖周長一千零一哩，深五十三哩。此地的所有居民每天都聚集在這裡殺生獻祭，奉上犧牲者的頭部、心臟和器官給魔王黑夜叉。該情況會交替輪轉，在這些人死後，他們會再次投生爲國王辛塔的眷眾。在此地獄道，死亡的刀片不停地輪轉，要承受的悲苦相當難忍。此地是如此的可怖，因此寂靜的法門完全起不了平息的作用。

偉大的空行母知悉，降伏此地的時機已經到來。她把自己化成一個「啥」字，並在聖眾面前化爲燦亮的光芒。藉由聖眾的加持，「啥」字轉化成一位天女。在她供養十六洲的所有聖眾之後，聖者們的心意圓成，他們明白，調伏達瑪如居民之心的時機確實已經到來。

①阿底瑜伽（Ati Vehicle）即是大圓滿（藏文拼音 *rdzog chen*）之道。

②迦摩縷波（Karmarupa）是今日印度阿薩姆省西部的一個地區，至今仍然以粗暴、時而會食人的部落居民為人所知。

她宣告，一切諸佛顯露他們強大能力的時機已經來臨，而她自己則是諸佛的女性化身。偉大的空行母懇求眾生唯一怙主的諸佛展現他們忿怒的證悟事業。諸佛對這個請求感到歡喜，於是他們把自己化現爲忿怒本尊馬頭明王。爲了顯現他們的五個化身，證悟的諸佛把五位達瑪如大臣的心識遷入虛空，然後諸佛進入他們的肉身，成爲馬頭明王的眷屬。接著，空行母爲了以其證悟事業除掉並解脫邪惡的魔王黑夜叉，便降入囊帕千湖之中，成爲一個紅色的「啥」字。

接著，囊帕千湖轉爲甘露，湖水的顏色轉爲白色。龍王珍寶光前來建造了一座宮殿，召請天眾、龍眾和世上的人類做爲他的友人。此湖不再接受血與肉的供品。惡魔發出猛烈的閃電和冰雹風暴做爲報復。每個人都注意到，囊帕千湖不再接受忿怒的血供，並且原本的紅色已經轉爲白色。臣民們把此一現象視爲邪魔教法式微的初兆。

看來可以肯定的是，善的宗教如今將會在這片陸地上發揚光大，邪魔教法消失的日子近在咫呎。當不善的風俗幾乎在這片土地上消失之際，大臣們奉命聚集起來，國王辛塔告訴他們，支持不善的行爲是其王族世襲的傳統，他無法讓自己護持善法。

在此之後，魔湖囊帕千出現九個惡兆，而國王辛塔自己也有惡兆。在他的夢境中，他聽到大臣們的頭部發出嘶嘶的馬鳴聲，湖中央傳來敲擊法鼓的聲音。他最器重的兒子夜叉阿難達帕拉被一個紅色的女孩吃掉。他夢見他失去所有的衣物，也夢見整個國家覆滿白雪，經卷從天降落到宮殿上，白色光芒穿透他的心臟。

他把此各個徵兆都視爲負面的預兆，並且命令大臣們堅定且強制執行不善的內、外法律。若有人修持佛法而被逮到，就要接受懲罰。在王國之內，沒有人可以談論佛法的隻言片語。國王辛塔也囑咐大臣們，要向魔湖獻上紅色的供品。所有的大臣們都依照這些命令來執法，維護國王的政策。然後他們開始覺得，那些負面的夢境並不是一種威脅，而且一切都很順利。

然而，他們不知道，那些夢境都是殊勝的徵兆。從大臣們的頭部發出的嘶嘶馬鳴聲，代表對國王生命力之象徵、也就是那匹馬的敬重。從湖中傳出鼓聲，乃是一個令人驚羨的公主即將出生的徵兆，或是即將找到一位龍女的徵兆。紅色的女孩則代表「贊」③的教法即將在此地傳播。整個國家變成白色，是財產增長的徵兆。國王失去衣物是一場盛大慶祝的徵兆。經卷如雨般降下，是偉大天眾授記的徵兆。光芒穿入心臟，代表國王的出眾才智。人們把正確的詮釋說明給國王辛塔聽，國王相信這個詮釋才是眞的。於是，所有的大臣們都感到非常的心神不寧。

③護法「贊」（Tsen ；藏文拼音 *btsan*，亦指 *Tsi'u marpo*）為夜叉（梵文拼音 *yaksha* ；財神）界之首和爪拉（*dgra-lha* ；戰神）界之王。此護法具有能力，能藉由賦予財富、繁榮等幫助，來友善對待和扶助修行者；如果受到觸怒，則會對違犯者施加傷害。

國王辛塔的兒子結婚並繼位爲王的時機到了。有一天，當他們正從王國內地和邊地的所有年輕女子中尋找相配的新娘時，前所未見的一個火圈出現在囊帕千湖的周圍。每個人都看見這個火圈。大臣們開始議論紛紛，並且決定前去囊帕千湖一探究竟。他們看見，湖中央有一朵盛開的紅花，綻放的花朵形如盾牌。在花朵的中央，出現一名美麗的十六歲少女，舞姿搖曳。所有的大臣都爲之驚訝，他們迅速返回王國，向國王辛塔報告這件事情。

「嗟！喔，功績顯赫、令人讚歎的達瑪如國王，正如授記所指示的，囊帕千湖被一圈火環圍繞。然後，在湖的中央，有一朵盛放的蓮花，在這朵蓮花的蕊心內，一名年輕女子誕生了。她看起來美麗絕倫，膚色白皙，大約十六歲左右，肯定是一位龍女。她確實出現了。她似乎是來自龍族的『黑心』種族，此族龍眾非常富裕，擁有多種類的珍貴珠寶。我們覺得這位驚爲天人的天女，必定是我們未來國王等待多時的新娘！」

接著，國王辛塔就用精美的絲緞裝飾自己，進行許多供養。國王、王子和所有的大臣出發前往囊帕千湖，在此同時，國王一再地爲自己的極大幸運感到驚歎。當王子見到那名年輕女子的那一刻，他就完全著迷於她的美貌，心中生起極大的熱愛。年輕女子說：

「唔[呣]！喔，達瑪如的國王辛塔，你的兒子成婚和準備登基爲王的時刻已經到來。雖然你一直在人道尋找一名年輕的女子，但是我的福德遠勝於人間的女子！只要注視著我，你的兒子就因爲普賢佛母的大樂而感到陶醉。我是魔主夜叉之女，也曾經是龍族藍衣黑主之女。在地下各洲共有十八部龍族，其中有九部屠殺有情眾生做爲食物，其他九部則使用如意寶來得到飲食。沒有人的財富和財產可以勝過龍族。此時，我受到龍王的統御，前來會見你的兒子夜叉阿難達帕拉。我祈願這成爲可能。」

聽到她的話之後，國王辛塔和大臣們召開會議。在經過許多討論之後，他們達成共識地說：「嗟！喔，黑夜叉！在這片廣袤無垠、令人畏懼的生命力湖之中，於一朵驚人蓮花的蕊心中，龍王之女葛嫩是如此的青春年華且莊嚴出眾，她前來此地要與黑魔族的新王締姻。我們這些惡魔們是多麼的有福！這麼一位龍女來到這裡加入我們，讓我們感到喜不自勝。」

在他們說完這些話之後，女孩步行越過湖面來到他們面前。她每踏出一步，就在湖水上留下足印。國王及其隨從向她呈獻大量的供養，並且護送她返回宮殿。所有的臣民都聚集在一起，展開一場慶祝盛會。她和王子住在宮殿的最上層。經過一段時間後，女孩對王子說：「喔，夜叉阿難達帕拉，請聽我說。我若繼續留在這座宮殿裡，會感受不到一絲喜悅。雖然我愛你，但是我不能像這樣地繼續留在此處。現在，我應該返回我出身的湖中。我的國家距離此地無數里，龍王的宮殿非常宜人，那裡沒有不善，只有增長的善德。在那裡，福德永不竭盡，殊勝的佛法弘揚興盛，所有的大臣們都執行法律來支持善行。你的國家在許多方面不如我的國家。這個國家的國王運用權勢來護持惡魔的行徑，內外大臣們是這片土地的邪惡守衛，這個國家的統治者們是邪惡的，他們被自己惡行的黑暗所障蔽。這座宮殿充斥著劊子手，不存在『善』這個字眼，我無意在此繼續停駐。我的眼睛無法看見我的父親、母親和兄弟姊妹，我甚至聽不到一句神聖的佛法。喔，我親愛的朋友，我的悲傷難以測量。你如此珍愛的身體受之於父母，而我乃從一朵蓮花中出生，現在我應該返回我的國度。我們這次相會，乃是由於過去業力之故。我們無法長久廝守，此乃無常之本質，因此請勿絕望失意。請努力維護你的國家。」

她說完之後，夜叉阿難達帕拉心想，這名年輕女子是最了不起的龍女，世上無人能與她相提並論，甚至沒有人能比得上她崇高品德的任一部分。由於夜叉阿難達帕拉從未見過像她這樣的人，因此他認為，她是無法取代的。在他們相處的這段期間，他們竟然沒有生下一兒半女，這是多麼可惜啊！假如有個兒子，她就會因為對孩子的愛而難以離開。他下定決心，無論付出什麼代價，都要令她打消離開的念頭。

夜叉阿難達帕拉去見他的父王，告訴國王以下的話語：「國王，我唯一的父親！從蓮花中出生、令人驚歎的龍女正打算返回她的國家。這邪惡之國只讓她感到沮喪。不論她想些什麼或做些什麼，我們一旦失去這名驚人的年輕女子，將無法找到任何人來取代她。我必須找到一個方法說服她留下來。」他說完這些話之後，國王和所有的大臣們開會討論這件事，但是他們都想不出阻止女孩、讓她不要離去的辦法。接著，馬頭明王化身的五位大臣藉由他們證悟的力量，使國王心中的迷妄消失。國王決定，他們應該讓這位生於蓮花、令人驚歎的年輕女子全權掌控王國的治理。大臣都不認為應該容許女孩離開，國王宣佈，他們應該完全依從女孩的命令行事。國王、王子和其他人都表示同意，於是他們一起去見這名年輕女子。

「噯瑪！從蓮花中出生的女子，即使遍尋整個宇宙，都無法遇見像妳這般稀有難得的女子。妳決定離開王子，他是我尊貴家族中的兒子。我懇求妳，請告訴我們，我們做了什麼事情，使得妳想要離開我們。年輕女子，請接掌這個王國的事務，我們將做為妳的臣民，遵從妳所制定的任何法律，絕不違背妳的要求。這是我們懇請妳留下來的交換條件。」

對於此一請求，年輕女子回答：「你們寧願做正法的臣子，還是做惡法的臣子？你寧願做一個佛法之王，還是一個罪惡之王？你們寧願站在善的這一邊，還是站在惡的那一邊？如果你們願意站在佛法這一邊，那麼我同意留下來統治王國。如果你寧願繼續做一個邪惡的惡魔統治者，那麼我將必須離開；如果你決定做一個依循佛法的統治者，那麼我們可以一起維護法律。如果你們決定做不善的大臣，那麼我們就不再有進一步的牽連；如果你們決定做依循佛法的臣子，我將能夠與你們同心協力。我這位女子具有傳播善行的特殊天賦。國王和大臣們，現在你們必須將注意力和考量轉向善道。由於你們一直沒有這麼做，因此我們始終都無法和諧共處。

這片土地的人民愚癡地居住在黑暗之中，而我是一個具有完整崇高善德的女子。無論你怎麼看，我們的觀點都不相同。王子走在一條絕路上，邪惡的大臣們是冷酷無情、在黑暗中鳴叫的夜梟，一大群無情的惡魔陷於惡行的惡性循環中。唯有你們完全棄絕這種毫無益處的存在方式，我才會留下。如果你們不放棄，那麼我當直接踏上通往解脫的道路，同時祈願這整個王國消失殆盡。如果你們的心是開放的，那麼你們將會用謹慎的覺察來行事。如果你們同意這些智慧的話語，那麼你們應以強烈的懺悔，誠摯地接近我，與我達成一致。如果你們同意我所說的話，請把這些忠告牢記在心！」

她說完之後，國王和大臣們欣然接受她所說的每一句話，並且尊她爲他們的女王。年輕女子執掌整個王國，大眾聚集並承認她的權威，聽從她的命令。

三昧耶

稱作《珍貴寶鬘》的

《沙霍公主曼達拉娃的生世與解脫》

之第五章，
說明曼達拉娃公主的語化身從普陀山淨土顯現，進入達瑪如國王的過程，
以及她從蓮花出生，掌控接續的發展階段，並運用證悟事業來震服達瑪如王國，
至此圓滿。

6 使達瑪如王國醒悟

然後，這位想在達瑪如王國制定、施行佛法之律的年輕女子蓮花生，召集國王和內大臣們，要求他們注意她所要宣說的。她說：「喔，國王和忠實的大臣們，請仔細諦聽。請向內檢視你們自己的心。所有仍然心向不善的群魔，必須被帶上善道，如此他們才能超越悲傷。這些眾生必須被引領至解脫的境界。一切所作所為，都必須與佛法事業相符一致。我是蓮花生，我的發心極為廣大。現在我們不必再進行更多的集會與討論，時機已經成熟，我們要在這片土地上完成先前所同意的目標，制定和執行律法，並且揚棄惡行的根源！

「大臣們及其部眾，將在上弦月的殊勝日子前往囊帕千湖畔。他們必須結束達瑪如王國的痛苦不安，方法就是供養五種珍貴的珠寶、穀物、白、甜之物[1]，以及絲布等。那些最努力護持佛法者，將被任命為大臣；那些繼續行使不善者，將被處決。在陰曆的初八、十五和三十，王國內的年輕女子要從事定期的法會。那些怠惰而不修持佛法者，將受到嚴重的懲處。」

接著，國王和大臣們擊打律法大鼓。所有為了此一場合而聚集在囊帕千湖畔的人，都聽到湖內傳來樂器的音聲，這表示龍族對此感到欣喜。一種甜美的氣味瀰漫整個王國。

他們在囊帕千湖的東邊建造一座寺廟。寺廟經過開光後，國王和王后留在裡面。夜叉阿難達帕拉被指示去修習經乘的修行法門。他們焚毀先前政府的邪書，如此一來，即使是邪魔外道的字眼都被廢棄。受到馬頭明王加持的五位大臣在整個王國內施行佛法之律，所有的惡眾都被安置在新的善德制度下。蓮花生有五個女性化身：傑瑪（意指青春年少）、德瑪（意指充滿大樂）、噶瑪（意指充滿喜悅）、卻荚瑪（意指無上殊勝），以及揚千瑪（意指悅耳動聽），這五位化身成爲五位大臣的印侶，她們在六個場合轉動密咒法輪。五百位善女子聚集在一起，受了具足戒。

其中一位外大臣名叫吉哈，是一個惡魔的化身。他完全反對佛法，並且卯盡全力要擊敗佛法，什麼都阻止不了他。他擁有五百多個強壯眷從。一次，當空行母蓮花生坐於靜定中，偉大吉祥的馬頭明王現於虛空，對年輕的王后說：「妳，蓮花生，是忿怒證悟事業的化身。我當協助妳消滅和解脫這些魔眾。如果他們未得解脫，他們將會毀滅佛法。切勿猶豫躊躇，時機已經

❶白、甜之物應該是指酸奶、牛奶和奶油等「三白」，以及蜂蜜、白糖和紅糖等「三甜」。

成熟！」如馬頭明王所預示的，群魔手持各種武器前來蓮花生之處，企圖消滅她。在那個刹那，她顯現忿怒之身相，眾吉祥護法和侍衛皆從旁協助。有些護法揮舞著武器，另一些則製造冰雹和閃電來攻擊。有些護法發出像戰士一樣的吼叫，另一些則大喊吽、呸、吣悠的聲音！

魔眾立受解脫，全都無一例外地被引領到觀世音菩薩所居住的普陀淨土。世尊佛陀的教法傳播十方，在此之後，蓮花生以「戰勝魔羅的女勇者」這個名號為人所知。大眾百姓全都開始修學佛法，他們日夜都住於禪定之中。眾等都被教導九乘①之佛法，七十萬眾於一壇城獲得解脫。他們證得虹光身，滅入證悟者的淨土。夜叉阿難達帕拉王子修道之後，開始給予密咒法門的灌頂，日日夜夜住於靜定之中。其後某日，他的父王離開了這個世界，他的母后則將身軀融入虛空之中，不留一絲痕跡。國王辛塔受到王后蓮花生的加持，其肉身也融入虛空之中，不留痕跡。

那個時候，夜叉阿難達帕拉對蓮花生讚頌道：「嗟瑪！親愛的母親，智慧空行母！甚深之本尊天女！透過您慈悲的日光，黑暗處所的陰邪惡魔已徹底滅除。母親，藉由您慈悲月光之鉤，您已經帶領我和所有其他人走上解脫道。願能圓成無上密咒道之心要的根本甘露，願能了悟本初智慧之無染狀態。點亮輪迴三界的普世明燈，您是我極為仁慈的母親，而我則受到善業的加持。身為您的追隨者，我禮敬您，並且獻上我所有的虔敬心。我尊貴的父王辛塔已經離開這個世界，請告訴我，他和給予我這個身體的生母卡拉夜叉已投生何處？他們什麼時候會證得解脫？他們什麼時候能不再於六道輪迴中受苦？他們下一次會在何處投生？他們會居住在哪一個國家，哪一個洲？請用您的神通力給我一個清楚的答案。」夜叉阿難達帕拉雙手合掌，懷著巨大的虔敬心向蓮花生頂禮，做出這個請求。

蓮花生回答：「我親愛的伴侶夜叉阿難達帕拉，請諦聽。我是來自極樂淨土的白衣佛母。在普陀淨土，我是生自『啥』字的空行母。在達瑪如這裡，我以蓮花生之名而廣爲人知。在究竟上，我是本初智慧空行母。我在三世不停地化現，擁有五十五種神通力。我會詳細回答你的問題，請將其牢記在心。

「從無始以來，你的父王辛塔一直擁有身與語不可思議的加持。在一千世之前，也就是離垢佛的教法即將末法之時，有一個屠夫的女兒名叫拉噶瑪哈。她非常秀美可人，可與烏巴拉花相比。她成爲國王的僕人，受迫照顧許多牲畜。她感到巨大的痛苦。由於她的迷妄，她在五百位聲聞乘修行者前發下大力惡願，祈禱那時受其照料的所有牲畜，以及國王、王后、所有的大

①根據佛教金剛乘寧瑪派的教導，九乘是指聲聞乘、緣覺乘、大乘、事部密續、行部密續、瑜伽密續、瑪哈瑜伽（或大瑜伽）密續、阿努瑜伽（或無比瑜伽）密續，以及阿底瑜伽（或無上瑜伽、大圓滿瑜伽）密續。

臣及其從眾等，都要受她控制，並遭她迫使全都行使惡業。當她做出如此迷妄的祈願時，五百位聲聞乘修行者也同時祈願，屆時所有爲了度脫眾生而示現世間之佛，能令上述眾生全都走向證悟之道。在發下如此不善的祈願之後，這位女僕過世了，繼而多次投生下三道。在那之後，她投生位於東方、名叫遮末羅（或譯貓牛洲、拂洲）的食人族國度，受到國王哈林的統治。在那個生世，她是國王的母親，名叫卡拉。現今，在這個生世，她成爲國王和王后兩人，也就是你的雙親。由於聲聞乘修行者們的祈願力量，我成爲那個帶領她達至修行成熟之人。

「不過，在此生世之後，她將於印度一個名叫甘地的城市，投生成爲最低種姓人家的女兒。她的名字將是臧嫫，並且成爲妓女。到那個時候，我將能夠調伏她的心，把她帶上佛法之道。其後，你的父母將會投生於沙霍這片土地上，他們的名字將會是歐瑟瑪和昆切。他們會生爲工匠，成爲一對兄妹，我將會帶領他們獲得解脫。在證得虹光身之後，他們將前往遮末羅洲②。」

蓮花生說完這些話之後，夜叉阿難達帕拉心中充滿喜悅，立誓要永遠追隨她。過了不久，夜叉阿難達帕拉過世，不留任何痕跡地滅入普陀山淨土。然後，整個王國的每一個人，連同蓮花生及其眷眾都證得虹光身，獲致正等正覺。

三昧耶

稱作《珍貴寶鬘》的

《沙霍公主曼達拉娃的生世與解脫》

之第六章，

說明她如何安置整個達瑪如王國於佛法道上，

並且帶領每一個人獲致證悟，

至此圓滿。

②遮末羅的藏文拼音 *rNga yab gling* 是 *zangs mdog dpal ri* 的同義詞，即銅色山，蓮師居住的處所。

7 在天道

其後，從偉大空行母展現的光芒中，放射出一個明晰、藍色「啥」字形象的意化身。她抵達天道的上界，化身於偉大帝釋天的宮殿中。在那裡，她成爲天神拉納達拉（意爲寶持）和天女昆茲．歐囊的女兒。她的名字叫做康卡莉，具有無與倫比的美貌，優雅的名聲傳遍整個國度。她的伴侶名叫達瓦．歐瑟，即月光之意，是佛陀在天眾之梵天層級的化身。有一次，當他們前往一座山的山頂時，生下聖者們的化身當巴．托嘎。

爲了擊敗天界好戰的阿修羅①，康卡莉放出一個忿怒化身。當阿修羅們被擊敗時，他們棄絕有害的意圖，並禮敬康卡莉的化身。此後，她成爲以「大樂賜予者與克敵者」而聞名的天女。所有梵天層級力量強大的天神都禮敬康卡莉，並且請求她轉動法輪。他們全都達到聖者的寂靜境界。

有一次，當巴．托嘎恭敬地走向其備受崇敬的母親時，說道：「嗟瑪！具大力的天女康卡莉！您以擊敗阿修羅眾、置其於寂靜大樂之境而聞名。喔，母親，美麗的女勇者，佛法之源，達瓦·歐瑟的伴侶！爲了引導所有住於禪定的天眾，我計畫前往兜率天淨土。密咒甚深佛法之空行母，您不棄輪迴、住於輪迴以引導有情眾生，請賜予我這不可思議的無上教法。藉由致力於此頓成道，我希望將此勝諦之道帶至兜率天界，轉動般若智慧之輪。」

康卡莉回答：「於此世界空盡之前，我不會滅入涅槃，而將以任何必要的事業來調伏有情眾生。孩兒，當你前往兜率天之界時，對你的弟子們開示二諦②的圓滿智慧。在此投生之後，你將在印度轉生成爲淨飯王③之子，並獲致證悟。我將顯現爲你神奇化現的生母。由於此一投生之業緣，你將在天眾、龍族和人類的國度，以古老傳承的持有者釋迦牟尼而聞名，並擊敗眾魔羅④而廣爲人知。這將符合過去佛燃燈佛的授記。你將擁有無數化身之顯現。爲了引領五十萬天眾之子於一壇城達到圓滿正覺，我將對你完整揭示甚深的佛法。」

接著，她把所有的教法，無一例外地傳授給殊勝的兒子當巴·托嘎，此後他就前往兜率天。康卡莉從身體放出無數光芒到天界的第三十天，任何被光芒觸及者，都被帶到她的面前，

①阿修羅（demigods）是指佔領天道下界的大力衆生。因為他們時時相互爭戰，也被稱為好戰的天神。
②究竟實相（勝義諦）是指空性和本初智慧，相對實相（世俗諦）是指因與果。
③悉達多王子的父親。悉達多王子後來成為釋迦牟尼佛。
④魔羅（mara）是指與善德相反的邪惡力量。

領受四聖諦和六波羅密⑤的因乘教法。她也轉動密咒果乘之法輪，引導天道的五百位天后走上修道的兩個次第，使她們每位都達到正等正覺的境界。達瓦．歐瑟化現為阿修羅道的國王；康卡莉化成為「啥」字，融攝入天道，在那裡，她留下一百個化身，為利益一切眾生而轉動法輪。

三昧耶

稱作《珍貴寶鬘》的

《沙霍公主曼達拉娃的生世與解脫》

之第七章，

說明曼達拉娃如何在天道成就利益眾生的事業，

至此圓滿。

⑤六波羅密（paramita）是指佈施、持戒、忍辱、精進、禪定和智慧。

8 在黑旃陀羅龍界

關於曼達拉娃公主如何展現其證悟功德之記述。

在地底龍族①九千個地域和國家中，有一個名叫黑旃陀羅❶的地方，那裡居住著龍的化身納噶拉如。黑旃陀羅這個地區周長兩萬一千哩，滾燙的沙子如雨般傾瀉而下，帶來難以想像的痛苦。這片土地上的所有居民都屬於旃陀羅族，他們的心因爲如熊熊烈火般的瞋恨而迷妄。他們彼此相互殘殺，所經歷的痛苦遠大於地獄道的眾生。這些旃陀羅族眾生的首領，也就是諸龍和諸龍女之主，膚色黝黑，長相醜陋無比到令人難以忍受的地步。他的身體佈滿十萬種不同的爛瘡，頭部因傳染性疱疹而備受折磨。他的上半身是人，下半身是蛇。他身旁環繞著許多龍族侍者，這些侍者因痛苦不止而呼號尖嘯，從他們的嘴巴所散發出來的惡臭，瀰漫整個世界。納

①龍族（naga）是地底下的衆生，護衛地底世界。
❶旃陀羅（梵文 *Chandala*）在印度的種姓社會亦指最低的賤民種姓，以屠夫為業，為「不可觸碰」的階級。

噶拉如的兒子是黑龍加切．巴瓦，周圍環繞無數邪惡的龍眾。這些迷失的惡龍沒有任何皈依的對象，既無保護者，也無有益的友伴。他們除了痛苦之外，一無所知。空行母明白，降伏這個地方的時機終於到來。

空行母化成一個金色的「啥」字，降落在如意寶的寶山頂峰，進入龍族的國度。她的光芒完全震服了龍族，無一例外。然後她將自己化現爲一位龍女，全身寶飾莊嚴。在抵達黑旃陀羅之處時，她化出白色的光芒，穿透過所有龍族。由於她的加被力，所有的大病與小痛，在頃刻間被完全驅散。因此，所有的龍族心中充滿感激，龍王及其整個眷眾都對佛母行禮致敬。在難以言喻的喜悅心境中，他們讚頌道：

「嗳瑪！不可思議、自生之無垢空行母！我們是黑旃陀羅，必須忍受猛瀉的沙子和傳染疫疾之苦。我們的痛苦持續不斷，感覺就像是永恆一般。現在，從您身體放射出的光芒穿透我們，清淨我們身上的疾病惡詛，我們懇求您留下來，做爲我們的永久怙主。」所有原來本性邪惡的龍族們，以各種方式顯露他們的喜悅：一些龍族看著大地，一些伸展其背部，另一些轉動背部，同時仍有些龍族落荒而逃。

然後，空行母說道：「國王、大臣和你們的會眾們，請依我之令行事！嗟瑪！地底龍族的所有部族，請留意！我是本初智慧空行母達娓札。我的父親是阿彌陀佛，我的母親是長壽天女白衣佛母。我們的國家是極樂淨土，宮殿的名稱是貝瑪格巴。我的眷眾是無數的十地菩薩。

「我來到此地做爲你們的守護者。你們每一個龍眾都必須了解，你們之前所必須忍受的一切難忍、不息的痛苦，都只是過去因緣的結果。無量諸佛已經在人道化現，能仁虛空佛來到天道，蓮花度生佛到龍界，法王佛到地獄道，遍照佛到畜生道，蓮花勝者佛到餓鬼道，蓮花積佛到阿修羅道。他們每位都以不可思議的方式轉動法輪。

「你們的土地遭黑暗所籠罩，尚未有任何一尊佛前來此地調伏眾生的心。這所有的逆緣，都是你們過去違犯戒律的結果。因此，你們投生在黑旃陀羅的龍湖之內。由於你們過去口出惡言和充滿瞋怒的行爲，因而必須承受難以忍受、傾瀉而下的沙暴。你們目前的饑渴，類似餓鬼道眾生之苦，乃是你們過去吝於供養的結果。由於你們過去傷害他人的身體，因而此生經歷難忍的疾病和痛苦。沒有什麼痛苦是無業而生的，因此，與其觀察別人，不如觀察自己的業，並且清楚地了知過去行爲所帶來的結果。雖然我已超越悲傷和死亡，但我必須旅行至許多地方，爲了其他眾生，從事利他的事業。

「現在你們既已遇見我，所有的惡業無一例外地都已揭露而清淨。雖然負面的串習是你們的本性，這卻無法對我造成任何傷害。只有貪、瞋、癡、慢、疑等五毒才會造成永久的傷害。如果你們拋棄這五毒，將得以明瞭安樂。這些迷惑妄想和煩惱情緒是輪迴的根源，如果你們從這些迷妄和煩惱中解脫，將會達到永久的大樂。」

如是，她將這些心要教導傳授給所有的龍族，每一位龍眾都因此對佛法生起強烈的敬重。他們對自己累積的惡業感到深深地悔恨，並且懺悔所有的惡行。他們受菩薩戒，並且精進修行。所有龍族皆無一例外地清淨自己累積的惡業，因而被置於覺醒道上。他們於一壇城上達兜率天淨土，得到天眾的力量，並確實安立於佛法道上。然後，達娓札消融攝回白衣佛母之中。

三昧耶

稱作《珍貴寶鬘》的

《沙霍公主曼達拉娃的生世與解脫》

之第八章，

說明她如何把證悟功德傳到黑旃陀羅龍界，

並且引領龍族於解脫道上，

至此圓滿。

9

阿修羅王之女

「啥」字進入阿修羅王鎧甲賢統治的阿修羅道。鎧甲賢擁有如天眾般的權勢與力量，並且不停地與其他十八界征戰。由於阿修羅道的眾生必須持續不斷地忍受被天眾擊敗的無量痛苦，因此他們聚在一起商討對策。他們邀請在世間食人的度傑·噶拉和龍王多瓦前來，與這兩者交好。然後他們聚集惡魔、龍族和阿修羅的軍隊，決定前往天道會見天道之王。

當時，皋彌是阿修羅道人口最稠密的城市，統治該城的君王是仁千·彭。他是諸天之子達瓦·歐瑟的化身。由於身爲十萬徒眾之首，他的影響力無遠弗屆。偉大的空行母普賢佛母出現，使國王仁千·彭爲之著迷，然後她以朋友的姿態對他說話。

「嗟瑪！力量強大的仁千·彭王，在你過去的生世，你是我丈夫當巴·托嘎的父親達瓦·歐瑟，當巴·托嘎後來業已成佛。如今，爲了調伏阿修羅道的眾生，你化現成爲他們的君王。我是大樂克敵者康卡莉，現在以普賢佛母的化身身分來到此地。爲了減輕眾所圍繞的阿修羅王鎧甲賢以及其同伴的痛苦，我們應該宣佈我們將協助他們與天眾開戰。借助龍族、惡魔和阿修羅之力來調伏眾生之心的時機已經到來。現在，去召集所有的阿修羅及大眾。我將化現為枸恰．桑波的女兒，我們將會戰勝所有的黑魔，並且轉動甚深的法輪。」

她說完這些話後，把鎧甲賢王女兒辛塔瑪的心識逐出身體，再把自己的心識射入辛塔瑪的身體，然後，她出現在鎧甲賢王及其會眾面前。鎧甲賢王以為她是自己的女兒，於是一直保持形影不離。

接著，阿修羅的軍隊出現在天眾軍隊的面前。他們開戰，然後龍族、惡魔和阿修羅的軍隊擊潰敵軍。剎那間，他們全被帶領上解脫道。在此戰役之後，黑暗的邪魔外道消失殆盡。為了建立殊勝的佛法之律，枸恰．桑波、度傑．噶拉和他們的隨眾聚集在一起，藉由領受密咒的教法，封印緘藏他們彼此之間的業緣連結。他們所有的忌妒都受到平息，一起安住於禪定狀態中。所有的阿修羅都獲致解脫，證得虹光身，整個阿修羅道為之空盡。

三昧耶

稱作《珍貴寶鬘》的

《沙霍公主曼達拉娃的生世與解脫》

之第九章，
說明她如何化現爲阿修羅王的女兒以帶領所有眾等步上佛道，
以及他們如何全都臻至正等正覺，
至此圓滿。

10

師利・薩噶拉

當人類的平均壽命達到兩百歲時，圓滿的迦葉佛來到這個世界。在迦葉佛轉動法輪的期間，國王德永・貢噶沃和身為聖者女兒的王后格措瑪，都會在迦葉佛每日托缽化緣之時，獻上許多供養。那個時候，國王和王后仍然膝下無子。因此，在偉大的證悟導師迦葉佛面前，國王德永・貢噶沃行頂禮，並且供養一只裝滿了各種穀物的水晶寶瓶。國王雙手合十，做了以下的謙卑請求：

「嗳瑪吙！喔，於此世上闡明教法之大日，圓滿之佛，一切眾生之殊勝怙主！我，一國之君，是一個具有大福德之人，我所擁有的財富、財產和侍眾超乎想像。然而我卻膝下無子，如您這位全知勝者所知，在大約兩百位國王的統治期間，這個王國一直享有清淨世襲君主政體之利益。請慈悲垂憐我無子的狀態，政治上的利益不是我唯一的關注，維繫光榮的王室傳統不受染垢才是我的目標。沒有王室皇統的光亮，有什麼將會流傳下來？誰將維繫王室的財富、財產、侍眾和臣民？由於看來並不確定我們是否會有一個適合的繼承者，王后是否會因此一不幸而遭到責難？請給我們一個清楚的指示，告知我們基於業緣的命運。」

在國王提出請求之後，迦葉佛做了以下的回答：「喔，偉大的國王德永．貢噶沃！切勿感到絕望。很快地，你的王族世系將會得到延續。在這個世界之外的無數世界體系中，有一個名叫極樂的淨土，阿彌陀佛和其無上的佛母白衣佛母居住在那裡。他們不停地派遣化身來到我們這個世界。為了利益世上的有情眾生，一個如同聖者之女的女兒將會來到你這裡，她將懷有一個出生殊勝、未來成為轉輪聖王的兒子。他將成為淨飯王，是未來佛釋迦牟尼佛的父親。喔，國王，你要擁有信心，因為你的福報絕對沒有耗盡。你的女兒將會成為我的追隨者，她將受菩薩戒，擁有眾多弟子。」國王聽完這些授記後，用頭碰觸佛陀的聖足，然後回去向王后報告一切。

過了一段時間之後，國王德永做了一個夢。夢中出現一個紅色的光球，上面有一個紅色「啥」字。這個光球降到他的頭頂上，然後融入他的胸膛。光芒散放出來，然後消失在王后體內，接著，紅色的光芒從王后的心間散發出來。從王后心間的紅色「啥」字發出的光芒中，出現許多本尊，所有的本尊都持有盛著長壽甘露的容器，進而賜予國王和王后灌頂。

當國王在早晨醒來之際，他的身心興奮萬分。他告訴王后他的吉祥夢境，王后回答說她也做了一個特殊的夢。在她的夢境中，她進入一座紅色的宮殿，並且發現自己正在向住在宮殿中的上師頂禮。在上師的左方，有一位淺紅色的天女，天女心間有一個紅色的「啥」字，「啥」字融入王后的心間。王后醒來後，感到非常喜樂。由於此緣故，國王、王后兩人都篤定地認爲，佛所說的話一定會實現，他們對自己極大的福氣感到充滿信心。過了一段時日後，王后覺得自己懷有身孕。她小心謹慎地潔淨身體，然後，她聽到從腹中傳出聲音說：「我離於這世界之痛苦，我來自證悟者之國土。」這個聲音以如詩的句偈說出這些驚人的話語。

十個月後，王后在宮殿上層的寢室產下孩子。在生產期間，做母親的並未經歷任何痛楚。彩虹出現在虛空中，樂器的聲響傳遍整個地區，從未綻放的花朵盛開，梵香的甜美氣味瀰漫於空氣中。王后產下一子的傳聞不脛而走。不過，在出生的那一刻，卻是個女娃兒坐起來宣言，她是師利．薩噶拉，曾經坐在佛足之前領受佛法，如今來此利益眾生。語畢，她優雅地在虛空中舞蹈。她出生的消息傳遍全世界，天神出現，爲她神聖的身體沐浴。在王宮附近，出現一個面積大得驚人、前所未見的湖，湖的中央寫著師利．薩噶拉的名字。

當師利．薩噶拉十一歲的時候，許多國家的國王前來求親。但她未被託付給任何人，而是在國王同意之下受了菩薩戒。她持守嚴格的戒律，觀修本初覺性的持明之道。她圓滿達成自己的目的，展現無數神奇行蹟來利益他人，帶領王國內數千名女子走上佛法之道。當她傳授四聖諦時，所有聽聞教法者都安住在實相自性之中。每一個與她接觸的人，都生起無上菩提心，達至正等正覺。藉由教授六波羅密的教法，她賜予加持給國王、王后、他們的大臣、隨從和整個王國。王國內的每一個居民都被帶上聖者之道，並且獲致解脫！

三昧耶

稱作《珍貴寶鬘》的
《沙霍公主曼達拉娃的生世與解脫》
之第十章，
說明她如何化現爲師利．薩噶拉而進入王室，
並且帶領無數眾生成熟解脫，
至此圓滿。

11 二十五個化身

當世尊釋迦牟尼佛在南瞻部洲①宣揚佛法的期間，白衣佛母示現以下諸化身：

在釋迦牟尼佛面前，她是恆河女神。在拜提這個國家，她是扎嫫．札西葛。她曾為修奴佩的女兒持光，以及釋迦天女的女兒劫賢。她曾是鄔迪亞納的公主光嚴祥女，以及釋迦公主善海天女。她曾為喀什米爾公主遍喜賢女，以及殊勝聖者之女蒼琴瑪。身為國王的妻子，她也以師利瑪提這個名字而為人所知。在蘭卡這片土地上，她是日祥瑞女；在陀噶這個國家，她是昆塔娜胡塔。在如格瑪這個國家，她是曼嫫．珍寶賢。在食人族的國度，她是德瑪．法天。在中國，她是岡奘．烏曼提。在西方的鄔迪亞納這個國家，她出身於王室，名叫格瑪佩。她也以里蓀．結古．達嫫這個名字而為人所知。在寇希這個國家，她是大自在蓮花。在德切策，她以柔提．奇麗瑪而知名。在香巴拉，她是燈女智慧女。在寇里這個國家，她是噶瑪．巴執哈。在哈希這個國家，她是里傑．蒼內瑪。身為波斯國王的女兒，她是師利須提。在如格瑪這個國家，她是卡卡塔嫫哈。在馬拉亞，她是劫賢女和大瑜伽女「無畏行」。在碧格切，她是卻瑪．大自在女。

簡言之，白衣佛母大約示現二十五個化身，每一個化身都擁有能力可以利益量如大海的眾生。藉由在君主政權內開展事業的掩護之下，她教導徒眾走上密咒之修道。幾乎每一個與她結緣的眾生，都證得清淨本覺持明者的境地。關於她生平事蹟的詳盡記述被傳給咒師（Nanam，指蓮師弟子那南多傑敦迥）而成為一個地伏藏，名為《美麗花鬘》，包含一百個篇章。這個伏藏被封藏在蒼戎．多傑．札，我已揭示此伏藏根本文的精要。

三昧耶

稱作《珍貴寶鬘》的

《沙霍公主曼達拉娃的生世與解脫》

①南瞻部洲（Jambudvipa）或譯「閻浮提」，為印度宇宙觀中的「蒲桃」洲（rose-apple continent），即是指我們這個世界。

之第十一章，
顯示曼達拉娃二十五個化身的姓名和地點，
至此圓滿。

12 來自空行母的加持

偉大的空行母曼達拉娃是如何降臨並出生於沙霍國。

在西方極樂淨土，從阿彌陀佛心間的蓮花光界中，由無數本尊聖眾所環繞的聖觀世音菩薩，放射出無量無邊的光芒。從聖者的心間，散放出無量的「啥」字化身，充滿這個世界所有的無量淨土。有一億個觀世音菩薩的化身被放射至一億個普陀淨土中。在一億個印度國中，顯現出一億個釋迦牟尼的化身。在一億個化現出的報身佛土中，出現了一億個雪域守護者觀世音菩薩的化身。在一億個化身佛土中，顯現出一億個蓮花生大士的化身。在一億個功德境淨土中，散放出一億個文殊菩薩的化身。在一億個蓮花境淨土中，顯現出一億個蓮花頂髻的化身。在一億個天道的聖地中，化現出一億個轉輪聖王。在一億個西藏國中，顯現出一億個松贊干布的化身。在卡林嘎的一億個地方，顯現出一億個偉大的聖哲。有無窮無盡的淨土以這種方式化現，每一個淨土都有自己的佛經與密續，有自己的至尊上師弘揚法教等等。此外，這些上師都有數量難以思議的弟子以及追隨者，他們所有人都積極活躍地轉動法輪。

特定來說，在南方的世界體系，釋迦牟尼是經教的導師。在明燈劫期間，人類平均壽命達一百歲的時候，釋迦牟尼對天神、龍族、人類、鬼靈、地神、食屍鬼、食血鬼等等傳法。他分五個次第來轉動法輪，教導聲聞修行者、菩薩和無數的持明者，由此衍生出九乘的不同教法。對於那些具有下等根器者，釋迦牟尼教導「三藏」①，顯示內外實相之本質。對於那些具有中等根器者，他顯示事部（或作部，Kriya）、行部（Charya）和瑜伽部（Yoga）等三外密的入門。對於那些具有上等根器者，他教導密續乘最高深的三內密法門，包括續部與修部。他以三十萬又兩千種方式來顯示教法，並且示現如何證得涅槃的方法。

彼時，具力的聲聞行者迦葉尊者專注本覺而宣佈：「在未來，我，蓮花生大士，將出生在達納郭夏。從勝者阿彌陀佛的心間，將會散放出光芒，攝入觀世音菩薩的心。然後從觀世音菩薩的心間，光芒將會放射到一切諸佛及菩薩的淨土，他們證悟之身、語、意、功德和事業的所有加持，將會聚集在一起，再次融攝回觀世音菩薩的心間。然後，我，蓮花生大士，將會化現爲一個『啥』字，完全遍照諸證悟者（諸佛）之一億個淨土。於融入達納郭夏湖內一朵盛放的巨大優曇婆羅花的花心之後，在猴月的第十天，我將以蓮師的身相顯現。成爲因札部提王❶的兒子，我將娶化身持光女爲妻。然後，根據金剛薩埵的授記，我將放棄世俗生活，從事非造作的行爲。我將依止空行母的密咒壇城，爲了實現利益眾生的事業，我的心和一切諸佛的證悟心續將融合爲一。」

藉由象徵性的指示，所有的「佛本尊」②都受到迎請。在那個時候，長壽天女白衣佛母的證悟心續也受到啓發，白衣佛母爲了利益有情眾生而顯現。無量的光芒從她身上的五處散放，遍照所有的淨土。白色的光芒從她的額頭放出，進入東方的妙喜淨土。在那裡，光芒觸及偉大勝者不動佛的佛母——佛眼佛母的心間，迎請佛眼佛母的證悟明覺，其加持以「啷母」字的形相顯現；接著，無數個「朗嗂」字生起，然後融回白衣佛母的前額。類似的，白衣佛母的喉部放射無量的紅色光芒到無量光淨土。在那裡，紅光融入本初佛普賢如來的佛母，喚起佛母的菩

①「三藏」（Tripitaka）或「三個籃子」，把佛陀的教法分為三部分：其一律藏（Vinaya Pitaka），主要強調戒（戒律、道德）的修學；其二經藏（Sutra Pitaka），主要強調定（禪定）；其三論藏（Abhidharma Pitaka），主要強調慧（智慧）。

❶因札部提王（King Indrabhuti）是蓮花生大士出現於這個世界時的鄔迪亞納國之王，他的名字有時也拼為因札菩提（Indrabodhi）。

②佛本尊（Buddha-deities），藏文拼音為 *bde gshegs lha*，字義是「善逝本尊」（Sugata deities，中譯註：「善逝」為佛的名號之一）。

提心，其加持生起爲「盟母」字，無數個「盟母」字顯現，融回到白衣佛母的喉部。接著，藍色的光芒從白衣佛母的心間放出，進入毘盧遮那佛的中央淨土，融入無上之虛空界自在佛母的心間，喚起佛母的證悟明覺，其加持以無數「芒母」字的形相生起，重新融回白衣佛母的心間。黃色的光芒從白衣佛母的臍部中心點放射到南方的具德淨土[2]，融入寶生佛的瑪瑪姬佛母的心間，喚起佛母的菩提心，並化現爲「蚌母」字，此字的無數化現射回並且融入白衣佛母的臍部。綠色的光芒從白衣佛母的密處放出，進入北方的勝業淨土，融入不空成就佛的無上佛母三昧耶度母的心間，喚起三昧耶度母的證悟明覺，並以「棠母」字的形相顯現，無數的種子字接著融回白衣佛母的密處。紅色的光芒從白衣佛母頭頂的梵穴放出，進入本尊馬頭明王名爲音自在遊舞的壇城，紅光融入馬頭明王的殊勝明妃金剛亥母的心間，其加持以「啥」字的形相被喚起，接著，無數個字母融入白衣佛母的頭頂。

然後，五色光芒從白衣佛母的身體散放出來，遍照十方一切諸佛淨土，所有證悟者之佛母都受到迎請，她們證悟之身、語、意、功德和事業的加持精髓，以無量之明燦光芒融回白衣佛母體內。接著，綠色的光芒從白衣佛母的雙掌放出，進入名爲具德境的較低界淨土，喚起文殊菩薩之殊勝佛母妙音天女的證悟明覺，在此處，她的加持以一個白色「阿」字顯現，融回白衣佛母之內。從長壽佛父及其佛母雙運之處，甘露和字母「盟母」「啷母」「芒母」「蚌母」「棠母」和

「啊」顯現，每一個字母相繼融入另一個字母之中，最後融入一個白色的「啥」字。此白色的種子字隨後化生一億個種子字「啥」。這些字母彷如大雨般，同時降落到世界上。特別是上面有「啥」字、紅白色混合的一個明點，如同流星般落到沙霍這個國家，落在國王畢哈拉達拉的頭頂上，他因此受到所有的善逝及菩薩的加持。

三昧耶

稱作《珍貴寶鬘》的

《沙霍公主曼達拉娃的生世與解脫》

之第十二章，

❷具德淨土（Realm of Glory）是南方寶生如來佛的佛土，藏文名稱的意思是「賦有光榮的」。此土之佛賦有光榮，乃因他擁有圓成正等正覺的一切品性和能力，具備所有成佛的光榮，故寶生如來是為寶貴之源。

說明她如何受到一切諸佛之空行母的加持、
她的父王如何得到加持，
以及她如何爲了利益眾生而化現，
至此圓滿。

13 看見出生的國度

說明空行母入母胎及展現五種天眼通的情形。

在這個世界體系的九十四大洲內，中央大洲是此劫千佛的聖地，印度的菩提迦耶即位於此。菩提迦耶東邊有個約一千哩寬的國家，名叫沙霍，廣大宜人，如同絲綢錦緞上的精緻花紋，色彩斑斕、有如天道。東邊四十哩處是卡瑪如①，一塊形狀如輪、像是盆地的平原。在這片平原的中央，有一個圓形的深水湖，名叫哈紗．達麗，湖水具有八種清淨功德②，顏色乳白且閃閃發亮，這個深廣的圓湖裡有著如意寶。繞湖外一哩寬之處，有花園及秀麗的水池，美得超乎想像。各種各樣的鳥與鵝，鳴唱著旋律優美的悅耳歌曲。在各個方向，到處都有閃亮的藍色

① Kamaru 或許是指迦摩縷波，參見第五章英譯註②。
② 水的八種清淨功德分別為：清冷、甘美、清澄、無染、輕盈、柔軟、鎮胃（安和）、清喉與潤喉。

板岩山洞與巖穴。此處的居民本身也極具魅力。在東南約四十哩處是大國「瑪尼卡」，境內山峰巍峨，森林密佈，地上則遍滿花朵；此國中央是大蓮宮，居民皆勇毅、青春且健康。

在南方大約四十哩處，座落著駭人的屍陀林，叫做「大戲」，這裡有座叫「寇塔拉」的塔，因爲是由十萬空行母所造，所以也叫做「寇塔拉的十萬」。白天時，屍陀林籠罩在黑暗中；傍晚則如同被火吞噬般光亮。虎、豹、狼等野獸與僵屍、屍陀林的鬼魂一起遊蕩著。那裡的樹木叫做「達如薩」，有著又大又厚、能做人衣的綠葉。莓果的大小有如人臂寬，味道苦澀。水流湍急，寒風刺骨。禿鷹集聚於人屍之處，而一位名爲梅尼哈的聖人居於此地。這個屍陀林和著名的斯瓦澤[1]完全相同，是護法瑪哈嘎拉、白景與紅贊[3]的居所。

在西南約四十哩處是一個稱爲「吉祥紅宮」的國家，境內的山嶽、平原皆爲紅色，有一條名叫「希塔納」的河流穿越此國中部，山谷富有茂密森林，全國盈綴幸福妙樂。西邊約四十哩處是大國「達希納」，主要城市「甘露花園」的商業、財富、物產豐饒，居民的生活和諧而快樂。西北約四十哩處是名爲「恰塔瑪」的大陸，周圍環繞著許多其他地塊。偉大的船長拉旺·扣帕住在這個地區的中央，他與五百名商業水手出海搜集如意寶。北方約四十哩處是大國「塔路瑪」，該國的所有居民皆穿戴美麗裝飾與貴重珠寶，這類的享用充裕；這裡沒有貪婪或爭鬥，因爲每個人都高尚且和睦。東北方是名爲「珍寶庭園」的區域，富產不需收割的莊稼，生長各式各樣的穀物，森林茂密，而且境內富有美麗的絲綢錦緞。

在上面所有的區域中，有二十個獨立的王國，法律公正且嚴格執行，因此並無屠夫、妓女等不淨行為存在，一切都非常清潔純淨。在八大洲外環繞著十八個國家，分別是卡林嘎、寧桑尼・澤、凌瑪哈喇、北卻、納乎提、德瓦他、唐、庫姆・薛佩澤、寇塔・瓊瓦、揚巴・迪乎塔、東比、囊帕、貝瑪千、塔那杜、旃陀羅、先帕、卓容、庫魯他與其他國家，每一國都有正直的政府。

在這些大小國家之間，座落著「奔嘎」這個偉大的區域，沙霍這個偉大國家就位於此處。那裡的王宮有七重城牆圍繞，屋頂共有九層，美得無與倫比，如同天神宮殿。九層宮殿的附近有四個水池，生長著品種眾多的花鳥，有能說人語的鸚鵡與天鵝，所有來自天道的不同種鳥兒們，以各自的語言鳴唱著。王宮的周圍地區有著一百位外大臣與五十位內大臣，以及五百一十

❶斯瓦澤為藏文音譯，即指八大屍陀林之一的「寒林墳場」（藏文拼音為 *bsil ba tshal*；梵文拼音為 *sitavana*）。

③這三尊是金剛乘佛教的重要智慧護法。瑪哈嘎拉（Mahakala；Gonpo），即大黑天護法（the Great Black），具有七十五種之多的身相，屬於智慧護法，也是一種修法本尊。白景（藏文拼音 *Ging*）為一種環境的保護本尊，具有骷髏的身相。贊（Tsen）則在第五章英譯註③中提及。

位區領導。這是迄今印度各國中最高貴之國，因此被認爲是爲引導眾生而投生的最佳誕生處所。

如今，全國都受到福佑加被，前所未見的花朵開始綻放，多種鳥類開始鳴講法語，在王宮屋頂上虹彩光芒集聚。在這片土地上，國王、皇后、大臣、臣民及其僕從們，全部開始有吉祥的夢境與徵兆，指示祥運將至。

三昧耶

稱作《珍貴寶鬘》的

《沙霍公主曼達拉娃的生世與解脫》

第十三章，

說明她如何見其誕生之國，

以及加持整個王國，

至此圓滿。

14 選擇父母

接著，該是空行母選擇投生地點、種姓與母親的時候。在印度土地上的二十五國之中，菩提迦耶、鄔迪亞納以及沙霍這三個國家，在面積、形狀、美麗等方面都是最佳首選。這三個國家擁有最多的財富與物資，卓越的政府與司法體系，人民擁有的財富與天賦無與倫比。此外，這裡的人們擁有超群美貌、領導魅力以及才能。沙霍的居民具有開悟者的七聖財①。

從前有位名爲圖津的聖者，曾在迦葉佛尊前學習。根據佛陀的授記，圖津生起菩提心，並領受一條基本的居士戒而成爲佛教徒。由於承諾要守戒，他經歷了持戒苦行。在沙霍這個國家的中部，圖津在唐卡爾山上靜坐。在精通無染禪定之後，他回到上師那裡領受直指心性的教法。其後，當他由於灌頂而心續成熟之時，爲使他能了悟密咒之道，迦葉佛宣說如下的授記：

①七聖財是信心、戒律、佈施（慷慨）、多聞（學識）、慚（良知）、愧（廉恥）、智慧。

「嗟！你啊，賢聖的圖津，眞實道路的成就者，必須盡快前去印度名叫卡辟拉之地。在叫做『千明光』的前劫，這個國家名爲寇塔瑪提。在稱做薩瑪派特拉的王宮裡，有國王簇普津與王后仁千．囊徹．卓美．歐，他們的兒子名叫巴思卡拉師利。在輪迴千次都無間斷地投生在王國統治者的王家世系之後，國王投生於天道，成爲梵天之王。該生之後，他投生此地，如今名爲聖者圖津．旺波。他之前曾是海上船長的女兒，船長的母親是王后阿娜南塔。而今，在東方的迦毘羅衛城，他的父親名叫拉納帕拉，母親則是藏潔，兩位都是釋迦氏族的聖者，他們美麗的女兒是貝瑪．師利．薩噶拉。在貝瑪．師利．薩噶拉經由祕密灌頂成熟之後，她將懷上你的兒子達威．節武．智美，延續你的王家血統。隨著時間過去，將會有許多菩薩誕生。」

聽到這個授記之後，聖者圖津就前去迦毘羅衛城。在那裡，他遇見了非常可愛動人、裝飾珍寶花朵的少女，她正與五名侍從在一座花園裡，看到聖者後關愛地對他說道：「嗟！動人的男子啊，您輕柔的步態如同天鵝，尊貴的風采顯然來自皇室，而您藉由禪修的力量，平息了有情眾生的心！您的儀態風度爲聖者所有，如此賞心悅目！英俊瀟灑的人兒，請告訴我您的父母是誰？您屬於哪一個種姓？您嚴謹的舉止表示您是佛陀的弟子。請告訴我：您爲何來此呢？」

聖者回答：「嗟！我是佛陀的在家弟子，名叫圖津。我的父親來自偉大神聖的王族家系，我的母親是聖賢的貝瑪．詠潔，而我的國家是沙霍．西塔納。妳雙親的名字爲何？妳的出生階級為何呢？」少女回答：「嗟！我的國家是印度，我的城市是迦毘羅衛，我的祖先出自釋迦種姓，我的父親名叫拉納帕拉，母親名叫藏潔，我叫貝瑪．師利．薩噶拉，而這些陪伴我的朋友們是我的侍從。您現在應該隨同我回家去化緣。」

聖者隨她回家後，受到極大的尊敬與親切的款待，然後他告訴少女的父母，自己是佛陀的在家弟子，名叫圖津。由於佛陀宣說了一個有關他們女兒貝瑪．師利．薩噶拉的授記，因此他來見他們。如是聽聞後，他們將女兒獻給了聖者，聖者隨後給予少女灌頂，接著，她就跟隨聖者回到沙霍國，其後他們的兒子達威．節武．智美生於沙霍。這位王子是如此超群出眾，具有無人能及的能力。王子繼承了王位，統治全沙霍王國，在他之後有一千零二位王統治此國土。這個王族的最後一位國王，也就是畢哈拉達拉的兒子，成為非常強大的統治者，在他的傑出領導下，王國政權勢力大增，然後他迎娶了王舍城國王噶希的美麗女兒阿南達卡拉公主。他們婚後有兩個兒子——帕沃德與諾爾炯拉，先前在過去生世中都曾是國王的父親。

畢哈拉達拉就是現在的淨飯王，而王后阿南達卡拉則是王后寶燃燈，是空行母種姓的二十四天女之首。如今，父母的種姓與母系都為因應將受度化眾生的需要而謹慎抉擇，方便和智慧雙運的因緣已然顯現，令人驚歎的加持已賜予每個人。

三昧耶

稱作《珍貴寶鬘》的

《沙霍公主曼達拉娃的生世與解脫》

第十四章，

說明她如何選擇父母的階級，

以及加持他們，

至此圓滿。

15 進入母胎

其後，在馬年十月的第十日，空行母覓得一舒適的座位，安歇在國王與王后的宮殿上。彼時，內外大臣及所有臣民唱著悅耳的歌謠並彈奏各式樂器，舞蹈、賽馬、魔術表演、鳴炮等，總共有十八種不同的賽事與表演上演著。

那天，微微閃耀的虹光遍滿虛空，能聽到雲朵間傳來各式的樂音，所有的臣民與僕侍們都感到驚奇，並不斷發出讚歎聲。一道巨大的五色彩虹出現在國王、王后的上方，彩虹下與皇宮上的天空之間降下花雨，有紅色的蓮花以及金色、綠色和其他顏色的木蘭花，人們甚且能將這些花朵用手捧起！

這一切徵兆直接顯現在王國的大臣、國民、百姓面前，大家都覺得這甚至比偉大、英雄般的菩薩或財寶護法本尊們誕生時的徵兆更爲神奇。由於有這麼多奇事在這吉祥的陰曆第十日出現，大家都認爲國王必然將獲麟兒，或是有完全證悟的佛陀入世，抑或有轉輪聖王降生。

當天傍晚，國王、王后都在夢中見到奇妙的徵兆。國王夢見從頭頂生出高至天際的白色水晶佛塔，在佛塔寶瓶狀的中間部位有無數空行母舞蹈並歌詠著美妙的歌曲，她們四周圍繞著眾多獻供的勇父，塔光遍滿全世界，塔頂有日月為記，塔放出的光芒顯現各種神妙的顏色與形式，光亮完全充滿了三十七天。

然後，王后夢見一道佈滿光點的彩虹融入她的頭頂，每個光點內都有八歲的白色空行母舞姿曼妙且閃閃發光，各空行母吟誦「嗡」「吽」「嗖」「啊」與「盟母」「唧母」「芒母」「蚌母」「棠母」。這些字母如雨般出現並落下，閃動五彩光芒與各自的字音，緩緩融入王后的五脈輪內，她感到身體大樂，體內充滿了五色光並變得內外潔淨無瑕。所有的空行母都融入她的頂門，白、黃、紅、綠、藍五色光變成「啊」字與「蚌母」字，這些字母融入身內後如火燒般，不斷射出燃焰光芒。

當王后在黎明醒來時，能聽到虛空中傳來的微微鈴聲。她向上看時，出現了一位美麗的白色空行母，十六妙齡，白色絲衣與骨飾莊嚴，舞蹈姿態，周圍環繞其他十六空行母。王后極虔敬地合掌向她們祈請，隨即，主尊的白色空行母如下宣說：「喀客誒 嗒納 吭母 誒！哦，遍住風息的本性，具有一切圓滿尊崇之功德，即便有無量業道通向成佛境地，您，三昧耶度母[1]，是流動之風的壇城。大暖之女白衣佛母，您是否知道這是您的元素？淨水壇城瑪瑪姬佛母，您是否知道這是您的元素？支撐一切的大地壇城之佛眼佛母，您是否知道這是您的元素？您是否知道這廣大識空壇城是界自在．曼達拉娃[2]？哦！三世諸佛之唯一母親，哦，萬物之遍在基礎，您是否知道這乃以您的身形存在？五本初智①是五色②的五道自然光芒。母親，您知道這是因爲您的加持嗎？五灌頂③是各部勇父的示現。您知道五明妃的智慧住於您體內嗎？本初智菩提心以八識④的全然純淨安住。您知道八塵是以本質的自性安住嗎？淨化的四種邊見⑤就是具有一切表徵的廣空。您知道四無量⑥空行母安住於彼嗎？眞正的勇父明妃就是三世之佛。您知道這是四喜⑦加持的直接體驗嗎？若無迷惑，煩惱貪欲⑧是自解脫的。您知道這以大樂之本

❶三昧耶度母（Samayatara）或譯為貞信度母，是不空成就佛的佛母，即綠度母。

❷界自在，梵文拼音 *Dhateshvari*，或作 *Dhatvishvari*，音譯為：達特希娃麗，即指大日如來（毘盧遮那佛）的佛母虛空法界自在母，或稱金剛虛空佛母，亦即為白度母。

①五本初智是佛陀的五種智慧，即大圓鏡智、平等性智、妙觀察智、法界體性智、成所作智。

②五種顏色為白色、黃色、紅色、綠色、藍色。

③五種灌頂是證悟之身、語、意、功德和事業的灌頂。

④八識是眼識、耳識、鼻識、舌識、身識、意識、末那識（基於貪的心智活動）、阿賴耶識（含藏識、一切根本識）。

⑤原文做四種教條（dogma），即是指執著於四種邊見：相信存在（常、有）、相信不存在（斷、無）、相信存在和不存在兩者（亦有亦無）、兩者都不信（非有非無）等。

⑥四無量是指慈、悲、喜、捨。

⑦四喜是禪修穩定時所體驗的成果，即初喜、勝喜、極喜、俱生喜。

⑧煩惱貪欲在此是指五欲或五毒：貪、瞋、癡、慢、疑。

初智而安住嗎？母親，您是諸佛勝者三身的宮殿。您知道五身皆存於您體內嗎？您，在能量氣脈的清淨自性之大樂宮殿中，知道清淨風元素的空行母嗎？您，在本初智的五光、即十風⑨的清淨自性廣空中，知道根本流的清淨自性之空行母嗎？您，在大樂根本流的法殿泉源中，知道居於此處的佛母嗎？哦，自性智慧的本初清淨母親，大樂之究竟空行母就居於您的體內。許多空行已給予灌頂，離於習性的成熟教導已得到領受。佛母們擁有圓滿的天賦福德，而金剛部擁有祥運。具有完滿本俱智慧的諸佛之母，與具有完滿方便的海生之主是不可分離的，此日月之光會驅除邪見的黑暗。願眾生得享吉祥福報之解脫！」

她如是宣說時，花朵穀物之雨落下三次，並且出現明顯徵兆，所有空行母消融於虛空中，王宮的內、外、上、下都能看到與感覺到有許多花朵，也可看到或感受到有各式穀物。王后的感知變得清明，並且大樂在她的體內燃燒。她向國王詳述了她的經驗，而他也跟王后說了他的夢，兩人都充滿喜悅與熾燃大樂。

在他們結合之時，兩人都見到五佛與佛母們在前方虛空顯現。從他們的結合處，出現了白色與紅色的字母「嗡母」「吽」「嗖」「啊」「哈」與「盟母」「啣母」「芒母」「蚌母」「棠母」，以及其他的母音與子音字母。他們兩人都感到字母融入自己的頭頂，然後五佛自然成為融入身中的緣起咒。

一個月後，王后感到許多勇父來爲自己的身體塗上特別的芬芳香油，她變得比以前更加美麗。大家都感到王后每個月變得愈來愈年輕並且煥發光彩，「我們當中有個空行母，」他們這麼說著。

三昧耶

稱作《珍貴寶鬘》的
《沙霍公主曼達拉娃的生世與解脫》
之第十五章，
說明她如何藉由遍見一切的五種天眼通境界自然進入母胎，

⑨十氣（十種風息）是五種維持生命不可或缺的根本能量（五根本風息）：遍行氣、持命氣、上行氣、下行氣、伴火氣（heat assimilating；中譯註：產生熱以及消化功能，或稱為平住氣）；與相應於地、火、水、風、空等五大元素的五種支分氣。

以及給予五佛部的本初智灌頂，
至此圓滿。

16

禮敬父母

五個月後，王后感到一團光球進入體內，夜晚時大家都能看到她的身體自然發光。國王對她說：「妳的身體看來像是有團光，在夜晚時明顯發亮，並如火光般閃耀，這或許是懷孕的徵兆，妳認爲呢？是否有聽聞任何甚深密法能得知此現象？」

王后回答：「我的身體並未感到任何不適，然而我的乳房腫脹，而且所有身體動作看來都具生命動力，一直有祥瑞夢兆，但是我並無得到任何心要指導。假如我眞的懷上天神之子，這些出現的徵兆一定就是指此了。不過，有時候我會聽到腹部傳來字母音之聲，這不同於我先前所知的任何經驗，我不確定這是否表示自己懷有身孕。」

王后持續保持極端清潔，並且沐浴淨身。隨著一個月又一個月過去，聲音變得愈來愈清楚，國王與所有大臣都直言認定王后懷孕了。字母音聲愈發清楚，而且她的身軀無論日夜都像團光般，大家都猜想也許眞的有轉輪聖王即將誕生。在舉行許多特別的儀式後，並無新的徵兆產生，而九個月過去了。

在陽木馬年的十月十日，就在黎明前的時刻，天空充滿了圓形虹光，大家都覺得不可置信，還有方形的黃光、半月形的紅光、三角形的綠光，以及各式形狀的藍光。全沙霍王國都能聽到樂音。許多虹彩雲朵聚集在王宮頂上，並且有大量白色、紅色、黃色花朵從整個地面冒出。各色花朵如雨般從空中降下，極多彩色雲霧繚繞在所有山間，大地開始震動，鳥兒開始鳴唱最婉轉動人的歌曲，柔軟的絲綢、成堆的可食穀物和水果自然出現。這些神妙景象數量多到無法一一察看。

當太陽照耀時，王后在大樂、無痛的情況下產下了小孩。孩子被裹在布內，頭髮捲曲並呈天藍色，臉龐閃耀光彩，散發喜樂；小孩唱誦「嗡母」「啊」「吽」與子母音，並且站立向父母禮拜，然後唱誦這首榮耀禮讚雙親的悅耳歌曲：

「嗳瑪吙！您曾因過往福德而以因札部提王聞名，現在您成爲我沙霍家族的父親。哦！偉大福德的博學者，我禮敬您！強大的王族天女、我的母親，我禮敬您，虛空廣大般的大樂之母！雖然我的誕生離於垢染，但是大慈的雙親們，您們創造我出生的吉祥境緣。雖然我無意以業身誕生，我這個女勇者已來此利益眾生。我是爲了在沙霍王國創建幸福妙樂而來。我不受母胎染污，且從未害怕再次投生。我是三世諸佛之母白衣佛母的化身；有數百萬如同我一樣的女身菩薩像下雨般來到這世界，她們在解脫道上修行，不受娑婆世界的染污。我將以名聞遐邇的曼達拉娃之名而來！」

大家聽了都感到全然不可置信！那時刻，甚至有本尊們出現在天空中，並為她用芳香的甘露洗浴三次；龍族帶來了許多種類的滿願珍寶，堆在王宮周圍各個方向；許多奇珍異寶自然湧出。

然後王后說了：「嗳瑪！我是具有大福德之女，因為我有個最讓人讚歎的天神之女降生了，她認可雙親的恩慈，而向我（她的母親）與父親禮拜。具有無與倫比的崇高功德之女勇者啊，在妳誕生的那一刻，妳就以悅耳的歌聲取悅我們，並宣告妳是曼達拉娃。當妳進入我身時，我只感到無上喜樂。現在我們直接見到真實神妙的本初智慧空行母。妳離於生的痛苦。妳母親的身體經歷了大樂。外在與內在稟賦的珍寶已然顯現。虹光與芳香遍滿了沙霍全國。本初智慧本尊為妳沐浴三次。女兒啊，妳讓母親充滿了至上的喜悅！」

殊勝功德之女聞此，面露燦爛微笑，唱出這首歌：「嗳瑪！我，您的女兒白衣佛母，是位智慧空行母！在究竟實相中，我的本質是殊勝的空性智慧。我是長壽本尊——無量壽佛的殊勝伴侶。我是持有八項殊勝證悟功德之女。千佛的唯一父親是怙主觀世音菩薩，在他的加持之下，我將視如己出地關愛眾生。我將帶領一切眾生無一例外地獲得解脫，直到眾生業盡。無量淨土的顯現是不可思議的，視需要而以相應形象顯現於此調伏眾生心智，我是顯現各種道途之女。無戲論之基是本淨的本初父佛普賢如來，這是所有善逝及其法嗣、也是一切有情眾生的本性。在究竟上，『上方』和『下方』並不存在；在本質上，兩者是平等的。一切皆為本初的不二，如同法身。

「我是一切之基。在無二元、無方向的無垠虛空中，對曾為父母的六道有情具有慈心，具有如太陽般能澄清一切的無上喜悅，我平等關懷一切眾生，如母護子一般。這是您女兒的願心。

「任何時刻都不應傷害任何有情，尤其必須要完全棄絕惡行、負面之因！積聚的身惡業應該於其起源之處即受制止，所有因緣相依而起的業行，應該從根源滅除。這是您女兒對個人解脫的誓言。

「上師怙主與我頂戴不可分，我於頂戴處獲得寶瓶灌、祕密灌、智慧灌、究竟灌。不執取色相的外在實體顯相，我觀待眞實、究竟的圓滿證悟本尊。這是您女兒在祕咒乘生起次第的修持。

「兩萬一千六百個氣脈中，粗重的與細微的生命能量皆平等攝入中脈。本初智慧火在光明中燃燒，燒毀蘊集與元素。經由方便與智慧、日與月的雙運，淨化的甘露流降，究竟大樂身的本性得致圓滿。這是您女兒圓滿次第的修持。

「清淨界中的覺性金剛鏈①是空性、光明的，是顯示五本初智慧光明的五色漩流。經由通向關鍵要點的通道，生起與解脫皆致圓滿。自顯四相②在法身中得以圓滿，無二唯一基位自性③的大確信得以確立。這是您女兒的見地與禪修。

「外，不淨身以光明身得解脫；內，心性以五證悟身的本性得圓滿；密，現象本性的寶瓶身臻至峰頂。對唯一本質的不二基之信心得以發露。這是您女兒果的境界。

「當本初證悟的殊勝境界顯露，這涵攝一切之遊舞轉變爲五身的自然虛空之幻現，於此之中一切圓滿。經由大樂與空性的方便，即父母尊雙運，證悟化身具諸相隨好的明白顯現。這是您女兒的化現樣貌。

「依據眾有情根器，以善巧方便來調伏其心，一切眾生都將從所處的惡道中被無別地引領至殊勝的解脫界，永不從此恆久大樂之處退轉。這是您女兒對眾生的承諾。

「上師是所有諸佛勝者一切灌頂和加持的泉源，要點是維護純淨的誓言，如此將永不與上師分離。哦，母后！切莫輕忽此言之重要性！」於是這些話語以空行母印記封印。

當她說話時，王國中的所有臣子與各方百姓都獻上多種珠寶，同時眾人皆用三個月的時間

①覺性金剛鏈（the vajra chain of awareness）是在修持任運顯現頓超法（藏文拼音 *lhun grub thod rgal*）期間所覺受的淨觀。頓超法是大圓滿修道所運用的主要法門，行者可藉由修持此法門，得證虹光身。

②自顯四相（four self-manifesting visions）是頓超法的甚深修持期間所出現的證量次第。這四相分別是法性現見相、覺受充沛（證悟增長）相、法性進詣（明智如量）相、法性窮盡相。

③基位自性（nature of the ground）是指實相之根本自性，此乃一切諸法現象生起之源。

來慶祝空行母的誕生；三個月後，這女孩的驚人才德已聞名全印度。隨著她的聲名遠播，所有天神、龍族、非人神鬼、八靈④都爲之驚歎。一位擅長占卜的賢哲檢視這些徵兆，卻無法以任何方式回應。然後國王就說了：

「嗟！所有具預知力的神聖預言家們，請告訴我們爲何這女兒顯示了如此殊勝的證悟功德。請無所隱瞞地指示，她的未來是否有任何不祥之事可先預見。」

依據國王的命令而推算過後，一位聖哲如下回覆：「嗳瑪！聖父，拉伊旺國王！國王與王后這個名爲曼達拉娃的女兒，她的身體顯現了金剛佛部空行母的特徵，她的言語指出她是蓮花部者的明妃，她的心意指示的徵兆顯示她是五本初智慧的持有者。她富有神聖功德，顯示她將成爲具有威力的舞蹈天女，示現不可思議的利生佛行事業，引人開悟。她是不住輪迴、神奇化生王子的明妃。不祥的事端將會發生，王國的律法將因輕率的行爲而受到挑戰，到時聖父將感到深切悔恨，但是最終，一切人等將被置於道途上。此蓮花所生者與她的利生事業是如此令人讚歎哪！她的功德名聲將延續直至此劫成空！於此存在的世上有很多血肉之身，但智慧空行母如優曇婆羅花般罕見。無人能知曉如此聖者的潛力。」

說完後，國王、王后皆感歡喜，不惜巨資慶祝這一時刻。之後，聖者們各自回到自己的地方。

三昧耶

稱作《珍貴寶鬘》的

《沙霍公主曼達拉娃的生世與解脫》

之第十六章，

說明她的出生，

以及感念父母恩慈而禮敬父母之行，

至此圓滿。

④八靈是貢波（Gongpo：藏文拼音 *'gong po*）、陀壤（Thutrang：藏文拼音 *the'u brang*）、嘎養（Ngayam：藏文拼音 *nga yam*）、撒達（Sadag：藏文拼音 *sa bdag*）、宇拉（Yul Lha：藏文拼音 *yul lha*）、曼（Man：藏文拼音 *sman*）、贊（Tsan：藏文拼音 *btsan*）和盧（Lu：藏文拼音 *klu*）。中譯註：橡樹林文化出版的《蓮師傳》中說到，許多不同的世間靈體（mundane spirits），對人能有所助益，也能引起傷害，不過一般人並無法看見他們；這些世間靈體包括：白岡（ging）、黑魔（mara）、紅贊（tsen）、取命夜叉、屠夫羅剎（raksha）、施病瑪姆（mamo）、怒曜（rahula，亦即「羅睺羅」），和毒龍等。在微細的層次上來說，他們被視為是「八識」的不清淨顯相。

17 厭離輪迴

時間慢慢過去，曼達拉娃食用三白與三甜①等物，漸漸長大，並且一直快樂地在王宮過著與塵世隔絕的生活。當她八歲時，在眾多侍從的伴隨下，遊歷到王宮的宮頂上，從那兒，她們看到宮牆外的人群正從事各式活動與競賽。

當公主看向東方時，見到一隻母豬正產下七隻小豬。她心裡想著，假如出生的痛苦是如此猛烈，為何不學習能獲致解脫的法門以取代這不斷循環投生的輪轉呢？隨後，她聽見一個年輕女孩在大聲的哭喊，仔細聆聽後，她發現那個女孩正在分娩。然後她又想到，女性之身是輪迴痛苦的基礎，即使是這些小豬的母親必定也承受了生產之苦，但是她因其愚癡而仍不斷執著於自己受苦之因！一切皆由業來決定，然而卻只有少數人能想到要報答他人的恩慈。

曼達拉娃公主沉思這個狀況，並專一無散的虔敬祈禱：「南無（頂禮）！皈依三寶佛、法、僧！皈依三根本上師、本尊②、空行母！請當下眷顧我，並助我完成此祈願！願我和一切有緣——那些受惡業與迷妄束縛於輪轉迷惑之無盡轉生中的眾生，願我們都能迅速脫離難以忍受的苦海，願我們都能獲得無生境界的解脫！請救度我們脫離這個業的世界！願我們從此不再嚐受痛苦爲何！」

做完這個祈禱後，公主望向南方，看到一個老人撐著兩根拐杖，當他拖迤前行時，雙膝受迫滑過糞便，無意間這些排洩物也被拖著帶走。老人每一次移動，就絕望的大聲哀嘆、哭喊：「我造了什麼孽要受這樣的苦？」路過的人只是帶著消遣之心看著他並笑著。

公主看到這悲慘的一幕，悲痛不已，繼而發出悲心。她再一次的祈禱：「觀世音菩薩、三寶、三根本，請垂念！唉！一切六道如母有情眾生無法避免從年輕到年老的痛苦，我們是孤弱無依的：我們的腿會殘瘸而不再有用。唉，如此不幸的命運！願這種痛苦永遠消失！」她如此專注地祈禱著。

接著，公主望向西方，看見很多男男女女得了痲瘋病與其他傳染病，她甚至能聽到他們出於疼痛的哭泣。他們的皮膚佈滿了瘡口與膿血，甚至內臟器官都因滲血而凸起，血管因膿液而

①三白是酸奶、牛奶和奶油；三甜是糖、蜂蜜和糖蜜。

②禪修本尊（meditation deity；藏文拼音 *yi dam*；梵文拼音 *deva*）是行者在修持續法時所生起的主要本尊。

腫脹，充滿惡臭；他們的頭髮與睫毛都脫落，以致於整個頭看起來就像個銅勺；雖在痛苦中殘痾不已卻又無法死去，但他們仍冀望能如此生存下去。爲何沒有醫藥能幫助他們呢？她再一次的祈禱：「藉由珍貴三寶和聖眾的加持，願導致眾生受此病痛的惡業完全淨化！請賜予您慈悲的甚深、殊勝之藥！願我與一切如母有情生生世世永不嚐受病疾之懼。請將吾等安置於無此痛苦之境！」

接著，她望向北方，看見一幢房子發出滾滾煙塵，哭嚎聲清晰可聞。仔細觀看後，她發現有個已翻眼白的病人，人們紛紛低語並勸說不要哭泣，那個病人則逐漸停止呼吸而死去。突然間，亡者身旁的人都離去，只剩下幾個準備把屍體抬至墳場的人。「唉！」她嘆道，「這就是死亡的痛苦！無可避免的，這是輪迴惡業的必然結果。願我與所有等虛空的如母眾生竭盡輪轉之業，並獲致不死的恆久自由。願能證得無瑕染的大樂！」當她做此祈禱時，感到心情沉重，回到王宮後仍禁不住流淚。

王后見此情景，就問她的心肝寶貝發生了什麼事。生病了嗎？是不是摔倒傷到了自己？她慈愛地擁抱她、親吻她、爲她拭去淚水。然後，空行母說：「唉！我具大恩慈的母親啊！這顆心已投生於這以諸蘊集、元素合成的色身！今天我登至王宮屋頂，首次見到在這世間所需承受的惡業之苦。生、老、病、死之苦是無可避免的！唉！想到這些就讓我無法承受！輪迴中的女性遭綑綁、監禁，無法終止自己的業，就像海浪毫不留情的擊打。所有投生於此的人，就像一群無心的傻子般，必須經歷這些痛苦。如今我知道有這些痛苦，我無法裝做沒事。無論如何省察，都該尋求解脫離開這個婆娑世界。我們不能避免變老的進程，無法延長青春或是防止衰老。我們就像遭到禁錮的鳥兒，無法飛翔。我們必須像瘸子般不斷掙扎，四肢無助地退化。無論如何檢視，這個痛苦都是無法逃脫的！

「現在，我必須尋求一條通往自由之道。因爲過往的業力，人們必須忍受疾病之苦，猶如遭劍刺穿百次一般的痛苦。若不相信因果業力的事實，人們就會一直以爲障礙與痛苦是由外在力量強加而來。我必須將眾生從這種邪見中解救出來！生於這個世間的我們，隨著每一天、每一月、每一年的過去，都在耗用我們的生命。當時候到了，沒有人能夠推遲死亡的不幸。當生命被奪去時，即使親朋好友圍繞四周，人人都必須獨自進入死亡的狹窄通道，就像晃動而熄滅的燭光，又像從酥油中拉出的毛髮般帶不走一切。即使是父母、親戚、朋友也不能拯救、保護我們免於孤獨進入中陰③的狹窄路途。直到業盡爲止，所有必須承受的痛苦是難以想像的。當

③中陰（bardo）是指心識在生世與生世之間所經歷的過渡期。

死亡來臨時，感到悔恨已經完全來不及了。我們的後悔、遺憾，到時必將赤裸攤開、呈現在死亡之主④的面前。我納悶這不可避免的時刻何時會發生在我身上。我不禁只能爲我們無用的處境流淚。若我們未能意識到這珍貴的機會，生命就像一陣風過去了。我應當不斷地做此思維，直到因爲出於強烈的恐懼和期待而甚至無法安穩睡在床上爲止。現在，我唯一的想法就是盡快到能修習神聖佛法之處。哦，極具慈悲的父母，請恩准我如是而行。」

聽聞這些話語後，王后感到充滿恐懼與焦慮。「女兒啊，」她回答道，「妳就像是母親的眼與心，送妳去別處學法不是件容易考慮的事。妳還小，不諳世事，又極具魅力，要是所遇非人就可能變得難以求法。留在宮裡修持不是更好嗎？」

曼達拉娃回答道：「母親，請聽我說。我對世俗的一切毫無興趣，我希冀能遇見一位能給予我必要教導的精神導師；一旦領受這些教法後，我將努力修持直至獲得解脫。我很難想像要是留在宮裡，如何能夠完成修持並且了悟其內在意義——輪迴現象是會欺騙人的！假如我獨自一人，就能夠如己所願的、自由的感到快樂或悲傷。哦，父母親啊！若您以慈悲關照我，就請恩准！」

傷心欲絕的王后立即去見國王，告訴他所發生的一切。國王答道：「我們的女兒還小，容易受到影響，是什麼讓她有這樣的想法？她是如此的年幼與不成熟，她要成就佛法將會很困難。我不可能允許她就這樣獨自離去；另一方面來說，假如我讓她與侍從們一起去，她又很難完成目標。無論如何，我們的女兒必須留在宮中！她不會維持這個想法太久，她年輕易感的心將會如行經太陽的雲朵般改變。她的熱忱雖然一開始像嘎裨魚❶的頭一樣很大，會像嘎裨魚的尾巴那般會逐漸減小。不過，根據那位聖哲的預言，若她遇到一位靈性導師，她將開始佛法之道。」

王后回去跟女兒說：「噢，曼達拉娃，母親唯一的牽掛，聽聽妳父親說的話吧，妳將會感到快樂的！我們不能送妳到一個我們不能見到妳或者照顧妳的地方，但是只要妳的心意不變，妳可以在王宮裡隨心所願的修持佛法。女兒啊，我將提供妳的一切所需！」聽到後，曼達拉娃心想：「我的這個存在正是由於父母的恩德，」因此，女兒回答說她將聽從吩咐。

---

④死亡之主是指閻魔（Yama），佛教中的死亡使者。

❶嘎裨魚（Lebistes reticulatus）一種西印度群島的魚，胎生，觀賞，食蚊、小魚。

三昧耶

稱作《珍貴寶鬘》的
《沙霍公主曼達拉娃的生世與解脫》
之第十七章，
說明她對輪迴現象的悲傷與強烈的出離心，
以及如何請求父母允其求法修道，
至此圓滿。

18 圓滿外在學問

從那時起，公主就在王宮上層的房間裡，由卓越的聖者嘎瑪拉師利指導，沉浸於各個層面的文學著作中。她全然通曉五大、八小、一百支分與輔助文典，接著又精通許多語言，包括東印度、西印度、鄔迪亞納國、瑪汝它❶、尼泊爾、羅剎、空行母、所有周遭地區、斯里蘭卡、央珍・鄔帕的語言，加上其他像是香巴拉等許多其他王國的語言與書寫字體。她不只精通這些語言，連當地的方言都學得分毫不差。曼達拉娃成爲一位舉世無雙的學者。

外道的阿塔西加入佛法道途後成爲一位精神導師，被邀請入宮。公主學習了十個非佛教的學科，像是詩歌、因明（邏輯）、文法等等，並且學習了《三摩地王經》❷等等的大部佛經；

❶瑪汝它，梵文 *Maruta*，為「風天」之意。

❷《三摩地王經》，*King of Samadhi*，梵文名 *Santiraksita Sutra*，漢譯本名《月燈三昧經》。《三摩地王經》是佛陀應一位名為月光童子的菩薩請求而給予的法教，請法者和主要護持者是月光童子菩薩，所以又稱《月燈經》。其他譯名包括《入於大悲大方等大集說經》《大方等大集月燈經》等。

她領受了所有佛陀宣說教法的教導與傳授，並且透徹理解。在那個時候，她對二十五部佛經已融會貫通，也學習了所有有關吟誦與靈性曲調的科目。

有一天，公主看向王宮窗外時，見到一大群女子聚集在南圍牆邊，一位美麗的女子坐在與人頭部同高之處，對這群女子聚眾演說。美麗女子手拿阿如拉（訶子）❸的幼枝，正在解釋這個植物的諸多特質，而另一名坐在樹上的女子則駁斥說，阿如拉除了具有苦味之外並無顯著性質。那位美麗的女子回答道：「阿如拉是起源的種子，作爲植物中的黃金珍寶，佛陀曾給予它加持。『阿』是無瑕純淨的無生寶，『如』是對所有影響眾生疾病的無礙說明，『拉』是悲心的果實。此植物的八邊象徵聖者的八道，八面象徵八種煩惱的淨化，細根象徵存在的現象能被消除！上面寬的根部表示廣大的神聖功德。外面的樹皮是收斂且苦澀的，能滅除各種毒性；裡面酸味的樹皮能消除所有疾病。這是取悅諸佛心意之物。這個植物最內部的枝幹是空的，表示所有相對法的究竟意義是空性；植物的樹幹粗且具有層層樹皮，表示輪迴諸法必須被逐步根除；茂盛的花朵象徵智慧遍滿一切的法。阿如拉植物用這許多方式體現殊勝的神聖功德，並且具有諸多藥性！」

當被問及植物的價值時，她回答說，要是拿來販賣，阿如拉會和黃金等值。然而，假如一個人雖然擁有黃金，卻不當成是財富來珍惜，這就是愚癡的小心眼徵兆。曼達拉娃聽到這些論述後，知道自己學習醫學的時候到了。她馬上開始，拉納醫生被請到宮中成爲她的老師。首先，她詳盡研究醫學密續，接著學習四季、五大的十一種變化、兩萬一千六百種生命氣能，以及所有相關的根本、支分文獻，包括《母子四循環》、出眾的《七根本》等等。她的學習廣泛且詳盡。關於氣象學，她研究光、雲、濕氣、原子粒子、顏色、潮水周期，學了大約十八種關於這個學科的續法。她也學習了子宮內胎兒發育的原因、條件、過程。解釋器官實體與空體的《卡提察》和其他文獻，也在她的研究範圍之中。她詳細了解根本續的全部一百章。然後，她學習相應於成就法修持的直指心性教導的密續。其他有關醫學的文獻學習包括五百部《聖者附屬經典》、一百篇章的醫學文獻《阿吉塔》，以及關於棄捨的五份文本。她成爲醫術的大學者。

某天早晨，她到王宮上面時，看見西花園聚集了許多不同文化的人。其中有一個衣衫襤褸的持杖出家人，名叫阿爾納帕，很多人開始問他問題。有些人聽不懂他說的話，有些人則能明

❸訶子（Arura），音譯為阿如拉，英文名為 Myrobalam，中文稱為訶子、訶黎勒、藏青果。此樹產於印度、西藏及其周邊地區，果如桃狀，可做藥用。阿育吠陀與藏醫都認為訶子能治療一切疾病與調理所有的不平衡，因此將訶子視為「藥王」。藥師佛右手所持的帶枝葉植物即為訶子。

白了解，討論不斷地引出更多的混亂，卻沒有相應的說明。

一位年輕女孩詢問這個出家人，他從哪裡學習到這些知識。他回答說自己已學了幾乎所有的學科，不過出家人特別給女孩看了一本天文學書籍的許多頁，說他對此學科的研究特別詳細。他告訴女孩，假如她聰明的話，她也應該如此學習。女孩回答說她對此早已通曉，她已詳細學習四季的循環、十二個月份相應的陰陽分別、一天二十四個小時的循環、時間的分解，以及兩萬一千六百次的呼吸如何循環一周。她還說自己也已完整學習占星術的黑白周期①。

這讓這名出家人心生不悅，他斥責這個女孩的饒舌亂語，指稱她妄說自己博學，並且批評她的多話，說這證明了她不可能精通這些主題。面對和尚的誣衊，年輕女孩回答說：「占星天文學術的深奧教導正像是如意寶藏，像你這樣毫無德性的人如何能聲稱自己對此有任何的了解？在妙音佛母智慧文中有關於占星術的非凡教導，闡明相對眞理的業果，而在《時輪金剛續》中則討論不變的究竟眞理。妙音佛母的智慧文有如七弦琴的聲音一般悅耳，行文之美如藝術之舞躍於紙上，這偉大的論文對善惡皆有說明，以千種方式聞名，是最具福心智者的莊嚴；假如某人在虛幻中沒有救怙而無助地流浪，僅是涉獵這部偉大財寶的文典就能成就出世的本初智。畢竟，這不就是佛陀的珍貴教義嗎？」她這樣說之後，出家人狂怒地答道：「天曉得佛陀的教義會傳給像妳這樣的人?!」然後他立即上路離去。

之後，曼達拉娃將她的所見所聞告訴王后。「在王宮西邊的花園裡，有很多人聚在那兒，其中有一位年輕的女孩，她是如此的令人驚歎，我覺得非常需要見她。」在王后准許後，曼達拉娃馬上去找那個女孩。見到年輕女孩時，曼達拉娃說：「妳是個非常聰穎的女孩，妳的父母是誰？是何種姓？爲何來此？」女孩答道：「我的父親是日切．達瓦拉，母親是拉嫫．玉傑，家族血統來自天神明波．達瓦。我十六歲，叫做帕嫫．秀奴。我十七歲時將住在沙霍西部，接近甘露花園市。」

曼達拉娃請女孩教授她所知的一切，女孩答道：「雖然我對佛法的修習很少，但我有幸跟從我的父親學習天文學的聖典，並對所學具有強烈的信心。但是，除此之外，我所知不多。天女啊，我很懷疑自己是不是當您教師的合適人選，然而，若您堅持的話，我會竭盡所能的獻給您我的一切所學。」

曼達拉娃回到王后處。「哦，心愛的女兒啊，」王后說，「剛才妳是在跟誰說話呢？」曼

①藏文拼音 *dkar rtsis nag rtsis*，這些分別處理占星術的數學計算和詮釋兩個面向。中譯註：白算學與黑算學，前者根據佛經，後者據說源自漢地，可以用來占卜。

達拉娃回答道：「母親，有個令人讚歎的女孩是日切．達瓦拉的女兒，神性世系，她叫做帕嫫．秀奴。她跟一位出家人就占星術做辯論而且辯贏了。她曾學習經典，精通天文占星之學。我要她做爲我這個科目的教師。」王后回答說，她認爲國王絕對不會允許一個老百姓來教導自己的女兒，請一位占星學者來王宮可能會比較好。曼達拉娃回答道：「男性教師如此的嚴厲、專橫，跟他們學習很困難。我偏好一位女性的教師，她會比較溫和。」

因此王后前去稟告國王，述說曼達拉娃渴求學習占星學，並希望能請這位年輕女孩來當她的老師。果如所料，國王堅持公主的教師必須在階級與種姓上都能與之匹配，他決定請一位聖者到王宮以供諮詢。這位聖者詳占情況後，宣布日切．達瓦拉的女兒是空行母化身，讓她永遠跟在曼達拉娃公主身邊是件好事，她命中注定以後會成爲曼達拉娃的主要弟子。有了這個預言後，帕嫫．秀奴被請到宮中，成爲曼達拉娃近侍的一員，並教導公主她所知有關占星學的一切。一段時間之後，帕嫫受了出家戒，其後一直隨侍在曼達拉娃身側。

當時，印度這個地方有很多的外道，所以國王命令曼達拉娃學習邏輯學。他要求公主以前的老師阿塔西回來教授曼達拉娃與帕嫫各種辯證法。阿塔西是內、外五明教法兼通的大師，曼達拉娃不斷學習，直到她具有無人能及的殊勝功德。她也學習藝術、工藝、咒術。她精通當時存在印度的各種學問，成爲一位舉世無雙的學者。

三昧耶

稱作《珍貴寶鬘》的
《沙霍公主曼達拉娃的生世與解脫》
之第十八章，
說明她圓滿學習所有外在學問，
至此圓滿。

19 解脫外道加色．那波

然後，最著名的外道教師之中有一人雲遊至印度的高塔拉國，他十分精通辯論之術，以致尚未有佛教學者能夠辯得過他。這名外道在王國內的出現，使得該國的佛教徒國王洽爾傑變得心煩意亂；幸而，國王洽爾傑非常欣喜地聽到偉大的上師智美．耶喜透露了一個金剛亥母的重要授記。

授記說，由於惡意的願力，這有名的外道教師加色．那波其實是惡魔的化身，他的邪惡祈禱力量是如此強大，以致無人能在辯證法上贏得了他，他的神通力已強到無人能夠相比。根據授記，只有一人有力量能摧毀惡業願心的咒力，而在奔嘎的東邊可尋得此人，她就是尊貴的沙霍公主——本初智慧空行母曼達拉娃。曼達拉娃十三歲時已經接受所有學科的訓練，並且精通一切學問。她是空行母轉世，不受母胎染污。授記說她是偉大神奇力量的顯現者，任何人若想要獲得金剛亥母的加持，就應當親近她。

一聽到這個授記，國王洽爾傑和大臣們立刻聚在一起，並且準備一封邀請信送給沙霍國王，信上說：「哦，沙霍王！外道加色．那波具有大力量、大財富、大勢力，他的活動已變得像毒火一樣。他的邪見焚毀了高塔拉五位佛教大師的法教，他的業行就像一團熾烈燃燒的邪惡力量。根據空行母授記，唯一具有足夠力量去對治熄滅外道火焰的，就是您的女兒曼達拉娃公主所具力的甘露。請基於您的大慈，盡快將她送到我們這裡！」

這封信被送到沙霍國王那裡。國王、王后、大臣們都聚在一起討論，然後他們告知曼達拉娃信中的內容。她同意必須立即前往高塔拉國。曼達拉娃穿戴上最好的衣飾，與侍從們一同啓程。

當她到達時，國王洽爾傑、他的大臣、侍從以及全國人民都向她致上極高的尊崇與敬意。五位著名的外道聚在一起與曼達拉娃辯論，她輕而易舉地擊敗他們，人們稱頌著她的勝利。然後強大的加色．那波自己過來向她挑戰，要辯論教導邪見的六大論文之內在意義。她接受了他的挑戰，接著即輕易地擊敗了他。於是他就嘲弄說她是個有張利嘴的女人，誤穿了貴族的衣飾；他進而說，若有關她神通力的傳言是眞的，他就向她挑戰、要她展現這些神通。

她接受了挑戰。當加色．那波驟然飛上空時，曼達拉娃結起威嚇手印，他就像石頭般從天空落下。加色．那波仍然自信能夠擊敗她，就生起一個有九個隕石食子①的冰雹、隕星的大風

①食子（tormas）是修法時用來供養的糕餅，通常呈圓錐形。

暴，空行母（指曼達拉娃）一結手印，冰雹與雷雨就消失在原處。加色．那波仍然相信自己能與曼達拉娃匹敵，他開始像一隻鳥般輕盈的走過恆河，空行母一擊掌，他就像塊石頭般沉入水裡。他浮出來後，堅持、慫恿曼達拉娃再就他具有的其他神力進行比賽，突然間，六個外道化成八隻雪獅，口中射出火焰，鼻噴狂暴紅風，雪獅吼道：「我們會消滅妳，魔幻之女！」雪獅全跳到曼達拉娃面前，使得國王及所有侍從們都恐懼屏息。那時，空行母大喊一聲「吽」，八頭雪獅縮成狗皮，然後六個外道再一次出現。

突然之間，一陣猛烈的毒雨下到國王及眷屬身上，空行母修起吐納淨化法，立即將毒雨反向，使得遍滿三地的所有外道都被滅絕。外道教師仍舊繼續奚落空行母，說她不能只坐在那兒就算顯示能力，假如她是眞正的魔法師，就必須證明自己能飛。他一邊說，一邊化出一支危險的長矛，從矛中射出如雨的箭。空行母升至空中，用手攬獲箭隻，加持後送還給惡魔，箭隻穿刺了這些外道，他們疼痛地大喊，從天上摔下，落地時失去知覺而斷氣。這最後的神行使得外道們全被降伏，其他所有追隨者都被引領至佛法道上。

此後，空行母就以「神妙調伏外道的女勇者」而聞名，國王及其臣民皆對她進行廣大供養。曼達拉娃在他們王國逗留了一段時間，追隨大師智美．耶喜學習四聖諦並且受菩薩戒。最終她回到自己的國家沙霍，並在尊貴雙親的監督下繼續學習佛法。

三昧耶

稱作《珍貴寶鬘》的

《沙霍公主曼達拉娃的生世與解脫》

之第十九章，

說明她如何擊敗並且解脫外道加色．那波及其弟子，

至此圓滿。

20 帶領三百位善女子趣入佛法

沙霍國王每天都會走到王宮頂上一次，觀看城門外的活動。他常常觀看各種競賽，並對該運動加以評論。假如他喜歡某項運動，就會讚揚它；假如他不喜歡的話，就會貶損它。在他的關注下，所有王國的臣民都必須遵守嚴格的規則。這個時候，王后和她的家人與侍從則會沐浴，然後穿戴美麗衣飾到王宮外走走。

有一天，曼達拉娃想要外出散步。她詢問服侍她的侍女群們要不要一起出去，她們全都願意，因此所有人就準備一起去散個長步。她們穿過一片密林後，來到一座位於山林和谷地之間的大湖。曼達拉娃逕直地從湖上走過，然後對群女做出如下開示：「決定伴隨我來此的年輕女子們，請聽我必須說的話。我們這個世界有什麼讓妳們歡樂？妳們眞正希望達成什麼？請回答。」

女子們回答說：「天女曼達拉娃，我們最大的願望就是能變得像您一樣，我們希望能有高貴的種姓、階級、財富，成爲王族。假如結婚，我們希望只嫁給王族的王子，從此在具有九層屋頂的大宮殿裡過著快樂的生活！」

聽完後，曼達拉娃請她們仔細諦聽：「妳們每個人都應當檢視自心，看看自己是如何將生命浪費在需求與慾望之中。不好好想想的女子們哪，要掌握妳們的心啊！我們女人因爲如此熱切渴望凡俗的歡愉而種下輪迴的種子。無論妳是多麼美麗，妳的年輕貌美不過是虛幻的。甚至由於一個小小的原因，妳就可能墮入下界。妳們的心與眼都是如此的嬌寵，以致於竟然不能看見對珍貴佛法的需求！妳會輕易受惡友引誘說服，而被他們帶下地獄。妳會願意爲自己的丈夫捨棄自己的身體、甚至是自己的生命，然而過了一段時間後，妳會失去控制，開始不斷地鬥嘴爭吵，並且將經歷極大的痛苦，這個痛苦更甚於阿修羅道眾生的經歷。生與死的痛苦則是超越妳的想像。

「想想業行是如何結果的。世上所有的財產、財富、擁有物都像是幻相或夢境一般，並非實存。美貌與財富就像消失於虛空中的彩虹，即使現在出現，也絕不可能持久不變。一座裝飾著五種珍寶的美妙九層宮殿，其本身就是個幻相，而且是下墮之因。年輕與美貌就像夏日之花，無法承受衰老的攻擊，將會遭第一道寒霜摧毀。昂貴的絲綢珠寶就像草上露珠，即使現在出現，第一道強風出現的瞬間即會消失。所有親戚、朋友、侍從的相聚就像市集的過客，他們暫時聚集，下一瞬間卻不可避免的即將分離。妳自己的生命力就像想在強風中維持的燭火，無法確定何時將會熄滅，需要十分小心謹慎的守護。權力與名聲就像空中的雷鳴，一時可聽聞，然後變成空洞的回聲。無論妳如何看待，這一切都比一堆麵包屑還無實體。

「對無意義且迷妄覺知的無益追求，即是心靈毀壞之因。生在世上之苦，就像是受迫禁錮在鐵牢中，不斷投生世間，則比留在十八層地獄還糟。老之苦就像一隻老到羽毛掉落的大鳥，年輕、尊嚴、體力都無可避免地衰退，妳甚至無法找到針尖般的歡樂可供逃避。病之苦就像落入火坑之中，當你感到血肉與骨頭像是要被拉開般的時候，不可能有片刻的快樂。死之苦就像一塊大隕石從空中落下，沒有人能幫妳，也絕不可能逃避。中陰之苦就像是遭敵軍包圍。

「除了積聚功德之外，沒有別的對治方法可用。唉！年輕女子們，妳們必須仔細省思！妳們的居所與財產，不過是魔羅的騙局，引至更進一步的幻相；妳們的親戚朋友是來陪伴妳的魔羅。就是這一切的執取物，將妳們銬在輪迴裡。短暫的歡愉、稍縱即逝的快樂，最後帶來了劊子手的慶祝。即使是妳們珍惜的這個身體，也不過是盛滿不淨物的容器，若妳們不勤於供佛，那麼裝飾、塗油這個不淨之器只是妄行；這不淨之身軀是迷妄的產物，無法超越業的苦境。這就是珍視執取自己身體與自我的結果。妳們擁有的身體將會腐朽、消失，無論用任何方式檢視，都不是眞實的、眞正的。這世界的所有一切都是迷惑的根源。

「能這樣思維，妳們就會轉入珍貴佛法之道。不再迷惑的妳們，將運用三門①明確堅定的持修善行。年輕的女子們，爲妳們的來生做打算吧！然後，進入這個靈性傳承，即曼達拉娃之道。」

侍女們接受她的親自教導後，全都爲了獲得解脫而受菩薩戒。此後，這群女眾中的每個人都持守善道，爲王國帶來善德、仁慈。她們步入佛法道上之後，逐步興造一座廟宇，曼達拉娃則爲她們傳授了經律論三藏。

三昧耶

稱作《珍貴寶鬘》的

《沙霍公主曼達拉娃的生世與解脫》

之第二十章，

說明她如何帶領三百位貴族女子走上佛法之道，

至此圓滿。

①三門是指身、語、意三門。

21 帕沃德王子之死

眾神之女曼達拉娃繼續基於自己的證悟發心，獻身於眾生的福祉，成就著眾生的利益。她對弱者與有需求者展現慷慨，布施一切所需。她的舉止永遠合宜，言語總是悅人，無論見到誰都行止安詳。她的容貌保持寧靜、專注，對下位者總是展現慈心，對他人的惡行都以慈悲來對待，對她的精神導師有著無比的信心與極大的敬仰、虔誠。此外，她極爲尊敬父母——國王與王后，並且總是讚揚積聚殊勝福德、善德的人，即使是她最弱的特質也善盡其用。不論地位高低，她對所有人的態度都是完全平等的，總是歡喜、用心的做一切事情。她運用善巧的辨別，總是對尊貴者極端恭敬，用珍貴之物來供養，即使她本身已經不亞於一個光榮神聖德性的寶藏。她完全棄絕了執著、慾望之心，即使是個小小的、微弱的善心，也會予以擁護，讚頌其價值，並且隨喜其累積。她個人的信解堅定且不凡。她總是追尋清淨之道，並且依據自己的力量與能力來修持。她投身於修持，熱切精進，持續不退轉。由於這樣的行持，她的德行變得不可思議的殊勝；事實上，她的善德無人能及。

一天，她面見父王，請他傾聽她要獻上的尊敬之語：

嗟瑪！

極盡偉大恩慈殊勝父，

力量、權力如同轉輪王。

諸佛普讚殊勝子嗣行，

我念此德願奉諸聖行，

永不留此輪迴染污中。

謹願受戒剃度著僧袍，

持淨戒入常轉法輪門，

於此生世幽居寺院中。

聽到她的由衷話語，國王仍未允許她追求其真正的道途，取而代之的，他要女兒白天服侍照料母親的所需，於是她如國王所要求的成爲了僕從去做。夜晚時，她則不眠不休地持續佛法的修持。

然後，有一天，王族的唯一王子帕沃德意外過世。國王與王后備受打擊，陷入深切的哀傷中。國王不堪哀痛，以額頭碰觸遺體，悲嘆道：「唉！失去獨子是如此難以忍受！在此之前，我是具有偉大福德的國王，擁有巨大的財富、產業，還有一子三女。我疼愛且珍視他們更甚於自己的心、眼。輪迴之業卻帶來如此的不幸，太辛酸了！這怎麼會發生在我身上呢？現在我們做父母的必須承受最大的苦痛，感覺就像是我的心被掏出來扔在地上一般。唉！我要這個軀體做什麼？這不過是個內在被掏光的空骨架！我的感覺就像是眼睛掉到地上一般。最基本的器官都失去了，我要如何過下去？當利劍將雙臂從軀幹中切斷，色蘊集還能有什麼作用？沒有雙腿，我要如何前行？即使這座九層宮殿輝煌無比，沒有兒子在裡面的時候，待在這裡還有什麼用？所有的財富、產業、享用都已聚集，但卻無人繼承，我要將這些傳給誰呢？有這麼多的僕役臣民要管理眷養，但卻無人繼承，這個國家將會變成什麼樣子？我的兒子就像是我的心，已經失去了。沒有他，這個父母現在要做什麼呢？唉，我的悲痛難以置信哪！」這樣悲嘆過後，他崩潰了，控制不住地哭泣起來。

接著，王后在極度痛苦中哭了出來：「唉！我感到難以忍受的痛苦與悲傷！就像是胸膛內的心被割成兩半一樣。到底是什麼造成如此的業果？我們的兒子怎麼會如此的悲慘？這個可怕的結果，是由於我們的業，還是有其他的邪惡力量在這裡作祟？我們的兒子就像是我的雙眼，在我面前如彩虹融入空中般的消失了。這樣被拋棄的我要作何感想？我的兒子就像是我心的純淨本質，離開他的老母我，留下一個空洞、扯開的胸膛。我除了結束自己的生命之外，沒有什麼別的可做了！」哭喊完這些悲痛至極的話語之後，她昏了過去。

曼達拉娃上前輕輕吹氣讓她甦醒。當王后恢復意識之後，曼達拉娃請國王與王后一起聆聽她的話語：

「在我們這個世界，沒有什麼是恆久不變的。最終，一切所造事物終將崩解，即使是外在的器世間本身，即這個宇宙，也會毀滅。世上一切的眾生終將死去，一切的相聚終將離散，就像所有的積累終將耗盡。最終，所有的青春將會凋零，一切的所造都會毀滅，甚至是佛陀的金剛身也無法停住在此世間而需示現涅槃。

「無論國王的福德如何偉大，臨終時，他是獨自死去。您必須對因果業報具有屹立不搖的信心，因爲這是一切事物的本質，沒有例外可言，並且向我們指出一切現象的相互依存。請了解您的痛苦哀悼是毫無益處的。哦，父親、母親，請明白和合諸法的虛幻本質！明白且相信不管是自己或他人，都無法改變人的死亡，因此，您們必須超越令您們痛苦的對象。我偉大恩慈的雙親，請接受女兒提供的建言。」

聽完後，國王與王后皆略感慰藉，稍減苦痛。他們回答會盡力用心體會她所言說的意涵。

三昧耶

稱作《珍貴寶鬘》的

《沙霍公主曼達拉娃的生世與解脫》

之第二十一章，

說明曼達拉娃如何在父王母后的獨子帕沃德王子死亡時安慰父母，

並且運用佛法抒解他們的痛苦，

至此圓滿。

22 帶領五百位女衆步上解脫道

接下來的一年，由於無法容納不停的暴雨，大河水漲至氾濫的臨界點，沙霍王國因而陷入困境。河水是如此地高漲，以致於人們甚至無法行船其上或是渡橋過河，水淹大地，所有的魚都被沖到岸上。由於溢流的水停滯不動而變得污染，連要找乾淨的水準備一杯茶都很困難。鹽水溢滿了所有土地。此外，天氣型態變得異常擾人，多數時候都有閃電和大冰雹。新的疫疾逐漸發生，人們因為各種疾病而感到痛苦。

強烈的挫折感與怒氣使得小小的邊界爭議即釀成戰火，貝塔的國王昂嘎與沙霍國王因而相互開戰，造成慘烈的戰爭。他們在兩國的邊界猛擲炸彈來作戰，並用威力強大的武器互相攻擊。戰爭變得如此嚴重，以致於如火燎原般，戰役擴散到兩國的各個村落與地區。當然，這更加劇了原有的怒氣與攻擊心，人們開始無情的互相殘殺。

當兩國的仇恨升到最高點時，天神的姐妹曼達拉娃對父王說了如下的話來調解：「嗟瑪！哦，擁有廣大財富、權力的國王！您非常善於依據珍貴佛法的法令來管理政府，因此我想知道這些發生的不名譽活動，是您還是大臣們下的命令？是誰要爲已發生的嚴重惡業負責？是誰能承受取人性命的成熟業果？那些造此極端惡業的人們是多麼迷妄至極啊！您難道不能撥點時間看出這樣的業行，將使您繼續在生與死的循環中流轉嗎？哦，國王，現在請思考一個扭轉此惡業的方法。做爲您的女兒，無論您的命令是什麼，我都會完全遵從。」

聽到她的話後，國王知道必須想辦法與貝塔的國王和談。他決定撰寫一封信，由曼達拉娃以金色的墨水書寫。他的信使們遞交了信件與許多珍貴的珠寶和貢品給貝塔國王。收到信的貝塔國王如下讀出：「具持一切、得天獨厚的偉大國王！貝塔與沙霍之戰就如同在人間經歷惡道之苦一般。願月亮的清涼白光迅速照亮這兩個國家的仇恨黑暗。」

當貝塔國王讀到這封信時，便指示大臣卡利以及侍從頒下一封他寫的信給戰場上的部隊，內容如下：「沙霍國王、他的大臣們，以及整個軍隊已從這無益的戰爭轉向慈悲，慶祝堅持珍貴佛法的勝利。收起你們的武器，與它們一起回到自己的國家；高舉對他人的無垢平等心之勝利旗幟，祈願和平和快樂昌盛！這是國王的命令。」當這份聲明被宣讀時，善念在每一個人的心中生起。

然後，貝塔國王大聲讀出另一封送給他的、用金汁書寫的信函：「如黃金般尊貴且勇敢的貝塔國王以及您的大臣、眷屬、會眾們，具有威力、財富之偉大王國的統治者！您的心摒棄征戰的念頭，展現出巨大的寬容，您神聖事業的清淨白光散發光明。由於您的命令，原本有可能摧毀您自己人民的武器已被收起，大樂遍佈各方！」

大家聽聞這封信的內容，都深感敬意而表示贊同，軍隊解除武裝，和平成爲這個國家的法則。逐漸地，兩個國家在甚深眞理的道途上重新積聚力量，互相友好的言語盛行各處。

天神的姐妹曼達拉娃說：眞正快樂的機會現在已經來臨。從那時起，曼達拉娃就藉由勸使人們不再殺生或累積十惡業①中的任何一項惡業，而負起帶領無量有情步上善德之道的責任。

一天，在一群具德友伴的陪同下，曼達拉娃外出到一個可愛的花園裡散步。突然間，一位醉人的美麗天女來到她們面前，並問她們是誰。

曼達拉娃回答道：

「嗟瑪！天神之女，您以散發耀眼光芒的華麗珠寶爲飾，您的美麗笑容照亮了這個花園！您的面容如同蓮花一般白裡透紅，如日如月的雙眸臨回顧盼而動人心神。您的胸部豐滿如同芳齡十六的少女，手掌則柔軟如同烏巴拉花的花瓣。您的腰部纖細並且姿態誘人，腳掌柔軟平滑如同蓮花花瓣，臉龐如同無垢的大人相、隨形好之自源壇城。如今您證悟身形的驚人壇城竟然

①十惡業是指殺生、偷盜、邪淫、妄語、綺語、兩舌、惡口、貪欲、瞋恚、愚癡。

出現在我們面前，請告訴我們：您從哪裡來？屬於哪個種姓？父母是誰？爲何突然出現在這裡？請降下甘露話語之妙雨，止息我們好奇的渴望。」

那位空行母回答說：「嗳瑪吙！偉大的空行母、沙霍國王之女！殊勝種姓的曼達拉娃，請仔細聆聽。我沒有父親，是從蓮花中出生。我的母親是界自在母❶，實相界的大樂持護者。我，這個女孩，是神聖的明妃白衣佛母；身爲來自西方淨土極樂世界的佛母，我自然是蓮花佛部的空行母。我的家族屬於妙觀察覺性的本初智層級。我來此是爲了要傳授一些精要口訣給妳，並且告知關於妳生命的授記。我這個空行母，是從與妳自身相同的處所顯現而來。在究竟實相的本質中，並沒有何謂的來或去。」

曼達拉娃向她拜倒行禮，並以虔敬的音調供養如下的祈願：「嗳瑪吙！本初智慧空行母，請垂顧我。我從世間母胎所生，具有出眾的世俗與本初智福德之非凡寶庫，我的種姓來自沙霍王家，我以女身出生於奔嘎地區。我是不具力量的低下之人，在輪迴業行之界中受到牽引。我不敢矇騙感知的迷妄力量，必須雙手空空的繼續這段毫無意義的旅程，得到三毒②的全熟果報。哦，本初智慧空行母，請以您的慈悲牢牢抓住我！賜皈依給我曼達拉娃，否則我是無有保護的！賜給我在您證悟言語中包含的啓示，保護我免於墮入邪見的歧途，迅速令我跨越此輪迴大海，讓我永不落入這迷妄覺知的劊子手之手。天女，您是諸佛勝者與其法嗣菩薩們的眞實追隨者，除了您之外，我別無皈依與護佑者。請讓曼達拉娃轉念趨向佛法的清淨道路，淨化一切外、內、密的障礙。尊貴之母，以您珍貴、清淨的悲心，永久護持我。」伴隨曼達拉娃的所有少女們，都請求能共屬此祈願文的受護對象之內。

接著，就聽到空行母的悅耳語音：「嗟瑪吙！人類中具有大福報的女子曼達拉娃，我將給予妳身語意三門的加持，使妳的心能夠堅守純淨佛法的修持。國王將在四面八方尋找與妳結婚的合適男子。但是妳必須記住，假如妳只考慮父母的願望，這只會爲妳帶來留在輪迴的業，妳必須穿戴耐心的盔甲，雖然妳的父母會強迫妳出嫁，但是妳必須一直憶念因果業力。所有在這裡聚集的和諧女伴們，妳們必須進入並且行走於眞理之道，這將帶來必然的解脫。藉由往昔的願力，第二佛的偉大本初智化身，就是妳們必須聽從的心靈導師。當惱人不息的妄念和惡業之風揚起時，以信心和虔誠專注向佛陀的證悟身祈請，邪穢障難將就地即刻平息。藉由得到無死灌頂，以及解脫對生死的恐懼，妳將會在七大洲達到非凡、開悟的影響力。妳將獲證諸佛神聖證悟覺醒的功德。在過去諸業耗盡的驅動下，妳將被帶往化身界。最終，妳將無分別地融入偉大母親的虛空中。」

❶ Dhateshvari：參見第十五章中譯註②。

②三毒是貪、瞋、癡。

天女說完後，消逝於空中。曼達拉娃心想自己能有這麼大的福德親見這位空行母，眞是非常幸運。她知道自己的諸蘊集元素已然清淨，才能有大福德領受如此的直指教法。她了解到魔羅——讓覺知迷亂的障礙，是眞正的劊子手，她發誓若此欺瞞者前來引誘，她將永遠不會被捕獲。她感到自己就像親見佛陀一般，並且立誓將在此生圓滿開悟。

然後，她對聚在那兒的女子們傳授佛法：「嗟！我的朋友們，請留神聽我說！能得知這世間眞正快樂的機會是極端稀有的。輪迴的享用就像蜂蜜對於蜜蜂一樣：由於對蜂蜜的執著，以及不由自主的受到誘惑，蜜蜂最終可能會失去生命。當不加思索地取用時，輪迴中貪欲的目標——種種毒藥的大海，就是自己失敗與不快樂的原因。就像一個沒有識別能力的小孩，人身正是受積聚惡業的深深火坑所摧毀，那些愚癡的人會進入這個坑內，落入深洞，無從解脫。在這個無法帶來滿足的輪迴享用大海中，邪惡積累得有如洶湧波濤，總是不斷分散人們的注意力。輪迴的諸多活動，就像是迷失在銳利刀鋒所形成的大森林中，假如一個人不觀察而移動，他的身軀會立即損毀！在輪迴的環繞鐵圍中，在無心的慫恿引誘下，人們不斷地愚弄自己。在輪迴——各式各樣武器的不停轉輪裡，人們不斷地遭壓制於麻痺的狀態之下，浪費時間，卻永遠無法完成眞正的目標！

「當妳直接追求這個業緣時，就像是一個盲人希求視覺器官能運作。然而，當這不能發生的時候，這慾求又有什麼用？相反的，妳必須思維哪些方法可以使妳堅持追尋自己的目標，使妳能從這個苦境中獲取自由。不要將這位天女的授記告知他人。要知道，違背空行母的命令而談論這些授記，會招來惡果。不要與心意散亂者爲伍，取而代之的是竭力修持佛法。哦，我的朋友們，最後妳們將會得到究竟的勝義大樂！」

她如此勸誡她們，每一位年輕女子都感到歡喜。她們獻身佛法之道，開始爲達成目標而行動。

三昧耶

稱作《珍貴寶鬘》的

《沙霍公主曼達拉娃的生世與解脫》

之第二十二章，

說明曼達拉娃如何調解、結束一場戰爭，

並且安置五百位有福女子至解脫道，

至此圓滿。

23

菩薩的聖體

從此，曼達拉娃公主的名聲傳播四方，遍及周遭的所有王國。她受到眾人的景仰，以及很高的期許。有一天，畢哈拉達拉國王跟王后說：「嗟！我們這名極端優秀的女兒對父母顯示極大的慈愛。她具有如此出眾的品德、性格、美貌，單單注視她是不夠的，十方王國都希望她成爲他們的王后。假如我們讓她到任何國家，將會招致其他國家的忿怒；假如我們將她送往他處，會對她的佛法修習有所障礙。不管我們怎麼做都有矛盾，或許我們最好讓女兒出家。」

王后仔細聽完後，說出她的想法：「嗟！哦，偉大的國王、眾神之子，我認爲這個主意太好了。除了佛法以外，我們的女兒對其他的一切都不感興趣。以她的慈心，她只想著如何幫助引導所有眾生到佛法道上得致解脫，我自己也已承諾要依循她的建言。無論如何，將她留在我們身旁比較好！」

國王和王后兩人決定，不管有什麼求親提議，他們都不會將曼達拉娃送到別人手中。無論他們如何檢視，曼達拉娃都只對佛法感到興趣。國王決定給予諸方的國王大量的財富來安撫他們，因爲只要他們滿足了，曼達拉娃就能享有更多的自由。這樣，即使曼達拉娃不受出家戒，還是能繼續追求佛法修持而無人能指責他們。雖然國王和王后覺得對他們來說難以成就佛法，但若他們也能修法成就，其他人也會逐漸依循他們的榜樣。他們下了最終的決定，如此過了一段時間。

一天，國王正要用餐時，發現食物裡沒有肉。那時大河裡抓不到魚，市場上也沒有肉，所以王后派曼達拉娃去找一些肉給父親。曼達拉娃找遍了村裡仍沒有找到。在空手回家的路上，她經過一具慘白浮腫的死屍，便在山丘頂上切下屍體的四肢，帶回家中。曼達拉娃告訴王后已找到一些肉，王后感到相當的高興。

王后精心烹調這些肉，撇去肉湯上的浮沫，讓肉湯變得清澈濃郁，再加上一些香料調味，做爲禮物獻給國王。國王食用了一些肉與肉湯後，身體變得非常輕盈喜樂，以致於自然浮起。驚慌之下，他立即傳喚王后。當王后來到國王面前時，他卻突然暴怒，抓住王后並拿利刃威脅要刺她。王后嚇壞了。怒氣沖沖的國王說：「妳剛才給我進食的肉是從哪裡來的？從實回答。妳是不是想要毒害我，或是做了什麼可怕的事？答話！我的身體變得前所未有的輕盈！假如妳不說實話，我就把妳貶爲僕役！」

王后答道：「這些肉是我們女兒從鎭上帶回來的，我送她出去就是爲了這個用意。我根本不知道她是從哪裡拿來的，你必須問她。」國王命令僕從立刻把曼達拉娃帶來。當她來時，他譴責她給的肉不是下了毒、就是不清淨，因爲他的身體感到異常地古怪。國王對她大聲喊叫，要她一定要說實話。他抓住女兒的頸子，將她摔在地上，還在她臉旁揮舞著刀子。

曼達拉娃嚇呆了，回答說那些肉並沒有毒。母親派她到鎮上去找些肉，但市場上找不到任何販售的肉或魚，然後在回家的路上，她遇到一具經日曬雨淋而慘白浮腫的人屍，就從屍體的四肢部分取了正好足夠份量的肉，連同一些調味的香料交給王后烹調。突然間，她的淚水奪眶而出，說她傷害了父親，痛哭說她的行爲著實毀了一切。

那一瞬間，國王知道了那些肉是從一位連續轉世七次的聖者身上得來的，便下令立即將屍體剩餘的部分帶到他面前。曼達拉娃立刻前往，迅速地將剩下的屍體用自己的絲衣包裹起來，動身回宮。在路上，有幾個認出她的村民質問她爲何在王宮外面遊走，她答說是爲了出來買點食物。

曼達拉娃將屍體所有剩餘的部分都獻給父王，他對於這非凡的女兒確實並未犯下一丁點錯誤而感到驚喜。毫無疑問的，這確實是一位連續轉世七次的聖人遺體。然後，在國王的指示下，曼達拉娃曬乾了遺體各部分，以薰香等來淨化，然後將此珍貴物品安置在一個鑲有寶石的容器內，並以極大的尊崇保存和禮敬這個寶篋。

三昧耶

稱作《珍貴寶鬘》的

《沙霍公主曼達拉娃的生世與解脫》

之第二十三章，

說明曼達拉娃如何發現一位連續轉世七次之菩薩的聖體，

並且如何經由她的努力而使這聖物得以成爲供養與禮敬的對象，

至此圓滿。

24 金剛薩埵的現前

周遭國家的國王與大臣們不願意再繼續等下去，他們集結武力，意圖贏取曼達拉娃公主成為自己的王后。前來的國王有：鄔迪亞納的國王畢拖塔、喀什米爾的國王赤納．赤嘎塔、貝塔的國王香卡．寇塔立、姆入的國王達瑪瓦塔、恰爾傑的國王辛嘎．蘇替特拉、庫魯塔的國王因札黨、揚帕辰的國王蘇卡宜、芒嘎達的國王哈撒比、香巴拉的國王烏督吉、陀嘎的國王嘎嘎納、囊途的國王幕爪．布達尼、辛波的國王達宜幕內、尼泊爾的國王薩爾塔頌提巴、象雄的國王巴塔投、波斯的國王塔立夯提、格薩爾的國王楚香登、中國的秦莫堯國王、印度的達瑪寇薩拉國王、西藏的香岑．瑪亦國王與其他人等。

每位國王都在主要大臣與隨眾的陪伴下到來，帶著奇珍異寶，聚集在沙霍王國。每一位都以自己國家的衣飾盛裝出現，數量與風采遍滿全國。每一個使節都尊敬地懇求得到曼達拉娃公主，呈獻以金汁書寫的信函給沙霍國王，請賜其女。他們是如此渴切得到她，因而奉上了無比輝煌的財寶。

沙霍的國王、王后與臣子們集聚討論曼達拉娃公主的崇高自性：在精神成就上無人能超越她的功德。她是世間俗女子的無上莊嚴。即便年輕貌美，卻擁有無與倫比的才能、力量，以及淵博的學識。無可比喻的驚人徵兆曾於她出世時發生，一般的誕生不能與她相提並論。她極端崇敬父母，總是遵奉雙親的言語視爲至上。她具有空行母的美麗和殊勝轉生。她高貴的名聲傳遍十方，即使是盲人與瘸子都關懷這位公主的福祉。她過去的美德是如此偉大，她現在的德行亦爲完美無瑕。她的父王是如此的珍視她，僅只想到要將她送給別人，對他就是極大的打擊；她的母后是如此的珍視她，失去她就等同於失去自己的心或眼。然而，有來自這麼多國家的國王們同時聚集於此，將她交予任何一位都只會激怒其他人，也很難藉由承諾他們另一名年輕女子來安撫他們。國王知道不管怎麼做都只會造成衝突，因而陷入深深的憂慮中。他在三個場合接見使節們以討論這個難題；最終，他要求他們表達各自的見解。

然後，王后說了：「哦，我們偉大的國王！有時將想法轉爲言詞，對解決如此的難題並無幫助，也不一定能帶給我們合適的決定。對這樣一個難題，思考太多反而可能帶給我們更深的困惑與不安。您是否同意過度強迫或強硬施壓是無用的呢？讓我們停止這個多餘的談話、思考與會面，您將無法在這種情況下做出決定。哦，王啊，您要從問題中抽身。不要招致無法償還的債務；不要僅僅爲了取悅其他王國而接受他們的禮物。若您堅持嚴格的規定，所有的問題都可解決。若您恭敬平等地對待所有使節，他們最終將會感到滿意。不要做出許多難以持守的承諾，否則艱難將會降臨。讓我們問問我們出生高貴的出眾女兒，她寧願選擇哪一種做法。假如她選擇輪迴，讓我們允許她去她喜歡的地方；倘若她選擇佛法，她將會如王后般的行走在法的道途上。或許問神或占卜師也是明智的；無論聖哲如何建議，我們都該如是而行。」

她說完後，大臣赤納津說：「對這些其他國家，您建議該怎麼做呢？您應該比較他們的各個提議，將她獻給最合適的人選。」

然後，鄔迪亞納的大臣宣言：「我奉本國國王之命而來。已有眾多財富積聚以取得天神之女；已有許多信件被呈遞，宣說每位國王願意供奉的數量。現在國王與其大臣們必須決定怎麼做。假如決定果斷，您的決定將受到相應的尊重；假如您以過多的討論欺騙我們，我將無法相信您的話語。我建議沙霍的國王與大臣們保持坦誠且廣納建言。」

接著，輪到中國的大臣：「太多的話語隨風而逝，無論已說了什麼，王的聖行不可言喻，將曼達拉娃公主給予甲國而非乙國，是很困難的決定。依我的意見，哦，王后，應該由您請求沙霍國王做出明確決定，並接受這個決定。」

接著，貝塔的大臣卡爾西塔說：「雖然沙霍國王具有關於佛法善惡方面的深厚知識，但是在俗世事務方面，我們的王國能擊敗他的政治系統。曼達拉娃的道途很明確是佛法之道。」

然後，代表格薩爾的大臣帕拉悉地說：「依我的意見，沙霍公主曼達拉娃的確擁有某些政治利益，但無任何珠寶財富能用以衡量她的價值。沙霍國王是在保護她，因而有所欺瞞，否則，他大可直接把曼達拉娃給予我的王國。」

然後是喀什米爾的大臣尼祝說：「高貴體態表徵的國王，若您認爲公主有能力治理一個王國，那麼就根據最好的供奉來決定。若您不願意送走她，就不要接受任何財物供奉。沒什麼好多說的了。」

然後，波斯的大臣卡爾察利說：「要使我們與您維持良好關係，哦，國王，您必須做出決定。若您無法決定，那麼就是我們準備開戰的時候。如今我與您這樣具有大財富、高尚、有威力的國王對立，已無法空手回到波斯王國。」

然後，瑪如的大臣辛哈宣稱：「讓她的母親做決定可能招來不確定性與混亂；國王做的決定會是堅定不變的。沒有必要繼續聽這些沒有根據的花言巧語，讓我們問問公主希望怎麼做。假如我們讓這優柔寡斷繼續下去，最終一切都將變成災難。最好是根據她自己的意願來做決定，這樣情況會順利且讓人愉快。」

然後，來自西藏的大臣雅岡塔提高聲音說：「哦，聽從女子之言的沙霍國王！有這麼多的主意，您必定知道最終我們將認爲責任在於您。西藏之王對政治是極爲精明的，他非常渴望得到這位品性高貴的公主。事實上，若您不把公主送交給他，連我的性命都將不保。這一切都取決於您。」

然後，揚帕辰的大臣說：「應該只有國王過問此事，國王應該與公主商量，然後一同做出決定。」眾人都對此表示同意，他們對沙霍的國王、王后與聚集了全國人民的大臣們表達他們的感想，國王請王后傳喚曼達拉娃公主，如此他才能詢問她想怎麼做。大家都同意公主應該選擇她想去的地方。曼達拉娃被帶到父母跟前，他們仔細的解釋整個情況給她聽，告訴她他們會將她交付給任何她想要的人，同時他們也說明一切財產、財富、僕從、隨侍都將如她所願的伴隨她。

她被告知：在印度這片土地上，佛法昌盛；在中國這塊土地上，享樂歡愉豐饒。在格薩爾國，擁有最優秀的友伴；而在鄔迪亞納，具有卓越出眾的祖產。在香巴拉這個地方，享有佛法、財富、興盛；貝投有很大的威權；波斯有極大的財富。西藏這個國家以箭術出名；喀什米爾這個國家以人民貌美出名。最後，他們要她說出她想去的那個地方。

曼達拉娃想了一會兒，斷定自己若過著在家女眾的生活，將永遠不會快樂。她明白這一切都是因為過去業行的緣故。曼達拉娃立志，即使代價是自己的性命，也只願追尋佛法之道。曼達拉娃對空行母的授記具有全然的信心，她做出如下回覆：「嗟瑪！我唯一的父親，您受制於他人的力量之下，請聽我言！雖然我渴望完全遵照您的吩咐而行，但這次我將不會跟任何人去另一個國家。我要將生命完全奉獻給佛法之道。若沒有修習佛法的自由，我將結束此生，並熱切祈願能投生在一個修法不受干擾的國家。」

然後國王回答說：「不管妳選擇哪個國家或家族，確定的是妳將不會留在這裡。讓我考慮三天，然後我會答覆妳。」即便國王已經發話了，曼達拉娃還是宣告：

「無論您說要沉思多久，我的心意已決：我將只追尋佛法之道。由於您過去世的福德，我生爲您的女兒。現在我擁有如此的良機，假如我不成就珍貴的佛法，這個轉生的本質將受糟蹋而失去。佛法已在印度傳佈，但是修持的機會稀少。我將永遠不會爲了種姓或階級而出嫁。無一例外的，普通居家者的生活不過是投生惡道之因。我就像隻受傷的鹿，只希望死去，以從這悲慘中解脫。哦，父親，請理解我最後的願望。」

雖然曼達拉娃已經極爲明確的表白她的想法，國王仍試圖壓制她。他命令侍從不准讓她走出宮牆外。一段時間後，公主在極度煩憂中崩潰。就在她全然絕望的時刻，金剛薩埵佛①突然

①金剛薩埵（Buddha Vajrasattva）是一切佛部和各部禪修本尊之首。他是寂忿百尊（文武百尊：四十二位寂靜本尊和五十八位忿怒本尊）的總集體性。金剛薩埵為報身諸佛的頂嚴寶，主要在世間弘揚佛法，也是淨治法的主尊。

出現在她面前的虛空中。祂說：「嗟瑪！無有過患染污的曼達拉娃女！不要對輪迴有所執著。脫離絕望，永不回轉！對妳的信念生起信心與勇氣！身為必定要成就兩種偉大利益的人，妳是具有如海神聖功德之女子！」曼達拉娃接受此勸言後，從此對法的信念永不離心。

三昧耶

稱作《珍貴寶鬘》的

《沙霍公主曼達拉娃的生世與解脫》

之第二十四章，

說明各方國家皆想得到曼達拉娃、

她對輪迴沒有執取的表現，

以及金剛薩埵現前提醒她所持之授記，

至此圓滿。

25 受戒與修習佛法

曼達拉娃逃離王宮。有一段時間，她躲在鄰近一個遍地紅花的庭園中。她的侍從申秀瑪留在她身旁，其他的侍從則安置在周遭地區以提防密探。

有一天，曼達拉娃捨棄所有珠寶，用刀割碎絲衣，發願未來能脫離這些不必要的裝飾。僕侍申秀瑪向國王稟告此信息，國王並不高興，他覺得女兒若不遵守規定，未來的求法可能會有困難。國王明白自己已無技可施，便召集所有的國王與他們的使節們，分發大量財寶給他們，並向他們保證公主已立誓只循聖法之道，而將他們都送走。

接下來的早晨，公主面見一位菩薩，並以專一的信心獻上此祈禱：「噯瑪！偉大的菩薩，佛之代表！雖然我尚未切斷輪迴的束縛，但我保持了對法的信心。各方之王集聚想贏得我締姻之手，我的父王受他們貢獻的巨大財富所欺迷誘惑。由於我被禁止追尋佛法之道，別無選擇，只能逃到此林，並且捨棄一切財富。我的僕從見此，回去將我的決定呈報給國王。我聽說這個消息終於讓多方的追求者們滿意。現在我請求您賜予我出家戒。」

菩薩回答說：「善哉！曼達拉娃公主，妳殊勝的心願是過往發心的覺醒之果。過去，妳在佛前聽聞聖法，那時，妳名叫辛嫫．甘噶黛維，而我是佛陀僧眾中五位主要阿羅漢之一。妳圓滿了三十七覺支①，所以現在生爲沙霍國王之女。不要執著於輪迴，記取妳過去與法的關聯！上前來，我將爲妳剃度。接受並且清淨守護別解脫戒❶與菩薩戒行❷，妳將很快成爲第二佛蓮花生的弟子。妳具有成爲一切眾生的珍貴守護者之福德。」菩薩做此授記後，幫她剃度，曼達拉娃得到菩薩耶喜．臧嫫之名。

在此同時，國王吩咐臣子找出曼達拉娃的所在處，以及探悉她的行止。大臣們前往森林，在那裡見到她的確出家了，他們迅速返回，將此消息稟報給國王。當他們告訴國王其女已在偉大的方丈面前出家時，國王認爲若女兒只有幾位侍從圍繞，將很難遵守誓戒，於是命令曼達拉娃的五百僕侍也全部出家。他囑咐大臣們探望公主，將國王的命令告知公主和其他人等，並且確保他的要求適切執行。

大臣們聚集所有的僕侍，向她們宣布國王的命令，服侍曼達拉娃者必須在她所抱持的相同道路上出家，國王並且警告她們若破戒會有報應。然後，僕侍們就到偉大的方丈導師面前祈請：「嗳瑪！如佛般的偉大方丈！我們是曼達拉娃公主的侍從，我們的國王命令我們來您這裡受出家戒。請您慈悲賜予我們剃度之加持。」因此，五百僕從皆受剃度並獲得新的法名。

曼達拉娃的新宮殿建在王宮一哩外的一個可愛花園內。興造一尊佛像之後，方丈菩薩來了三次，給予如理如法的開光。五重建築環繞，保衛公主所居的內院，各個環繞建物住有百位侍從，東面與南面的入口安置了森嚴的警衛，其他方向則完全關閉。二十位侍從奉派看管入口，住民不准走出城門。

從那天起，曼達拉娃勤奮地學習別解脫的經典。她開始一個傳統：冬季的三個月用於閉關持咒，春季的三個月禪修佛經與開示的法義，夏季的三個月用於禪定，秋季的三個月則修行發菩提心的日課。她日以繼夜地進行對神聖佛法的修持。

---

①三十七覺支（或稱三十七菩提分、三十七道品）是在解脫道上所培養的三十七種高尚品質，包括四念住、四正斷（四正勤）、四神足、五淨意根（五自在）、五力、七覺支、八正道。

❶別解脫戒，即別解脫律儀。佛教七眾弟子，以出離心為基礎，誓願受持佛所制七眾戒之一種，並依戒對治各種煩惱對境以防止惡行、走向解脫。

❷菩薩戒是大乘菩薩所受的戒律。受持殺、盜、淫、妄、酒等五戒可得人身；受持八關齋戒則種出世因；受持「在家菩薩戒」六重二十八輕戒，便是於因地發菩提心的菩薩道行，自利利他，以成佛果。

三昧耶

稱作《珍貴寶鬘》的
《沙霍公主曼達拉娃的生世與解脫》
之第二十五章，
說明她對佛法的投入，
引致她受出家戒並學習經乘之法，
至此圓滿。

26

遇見蓮花生大士

金剛上師蓮花生調伏沙霍王國，包括曼達拉娃公主及其隨眾的時候到了。他的心間放出光芒，進入曼達拉娃及其隨眾的三門，賜予甚深加持。

當晚她做了如下的夢：在她面前的虛空中，浩瀚五彩光芒裡，出現一朵具紅色花蕊的金色花朵。花上出現一尊化身佛的顯現，她虔敬頂禮祈求，然後這尊佛說：「哦，圓滿聖德之女，曼達拉娃公主，我是觀世音菩薩的化身。明天，猴月的第十日，來草丘之頂見我。我將給予妳能夠在一生之內得到解脫的口訣。」言畢，他即消融於虛空中。

曼達拉娃從夢中醒來，因爲夢見如此殊勝的顯現而欣喜不已。次日早晨，在給予佛法教授時，她對集聚的五百侍從們說：「噯瑪！昨晚我做了一個極端非凡的夢。今天，我們應當出去走走，面見一位證悟者，他能賜予我們即生解脫的直指教法。」曼達拉娃與其具善德的侍從們前往草丘，在那裡，花朵的芬芳如同香薰。突然間，在她們前方虛空中出現了放射奇妙虹光的偉大金剛上師蓮花生。在她們注視他的那一刻，曼達拉娃及其隨眾充滿了不可退轉的信心。公主說：「嗳瑪吙！三世諸佛之珍寶心子！您已履行您的天命，只為利益他人而努力。藉由您慈悲之鉤，您無間斷地照看一切眾生，您以無邊無際的愛之良藥，滋養大眾。請展現您歡愉明亮的面容，並用平等捨之舟送我們所有人到達解脫的彼岸。請照看我們當中無法找到路的盲目迷失者！我們懇求您蒞臨我們的宮殿並轉法輪！」

上師應允前來。曼達拉娃與其隨眾迅速回到宮殿，為他的即將到來做好準備。有些人在外面準備，有些人在裡面；有些人安放他的教席，其他人則準備食物，還有些人生起煙供。當所有準備工作就緒時，上師降臨。她們關閉並封鎖門，上師上座。她們供養五珍寶，各式各樣的乾物、穀物、烈酒、葡萄酒與止渴的飲料。曼達拉娃用這一切物質做曼達供養上師，並祈請道：「嗳瑪！如您者，您的面容代表三世諸佛，您到底從哪兒出生？您父母的種姓與階級會是什麼？哦，珍貴之尊，請賜予我們您神聖言語之甘露！」

然後，上師回答道：「嗳瑪！貌美驚人之曼達拉娃女，擄人心神的人兒！由於實相之空的本質是我的誕生處，因此我是沒有父親的；空性之智慧即是我母親的子宮。我生於達納郭夏湖中央的一朵蓮花。我來自離於有（存有）、寂（寂滅）兩種限制的家族。我自身即代表自源大樂的修行成就。

「在眾生之心已調伏的莊嚴界中，滿足各個眾生需求的佛陀出世。雖然這些化身在三世中各有不同的名號與顯現方式，究竟上他們是無別的。在過去，無量光佛阿彌陀佛創造了觀世音菩薩的淨土普陀山，然後觀世音菩薩在達納郭夏湖中化現爲蓮花生。在實相界中，他是本初佛普賢如來；在密嚴界中，他是金剛持佛；在金剛座菩提迦耶，他是覺醒者——佛陀。

「我亦爲此任運顯現，無別地示現爲從蓮花中出生的蓮花生。回應眾生需求而生起的不可思量加持，進而化現爲八佛父與其八佛母、八地與八個大力之處、八大屍陀林修行處，以及上師的八大化現，亦即八識的清淨顯現。此外，還有八金剛上師與八化身的顯現、八吉祥者與八成就嘿魯嘎、圓滿雙運和解脫的八大成就、『近』次第的八續法，以及神妙證悟事業的八面向。此八佛已經圓滿兩種積聚以及過去、現在、未來的所有聖德。在此基礎之上，殊勝法嗣們化現自身，不可思議的化身出現於過去、現在、未來，永遠在十方高舉教法的勝利旗幡。」

聽聞他的話語後，曼達拉娃與其隨眾皆感極大喜樂。在上師的指導下，她們開始日夜修習密咒之法。她們領受了事部、行部、瑜伽部的三外密，以及最高深的三部密續——父續、母續、無二續。她們也學習了密咒乘的一百類別。相應於內密的這些分類，她們領受了詳盡的生起次第教導，以及關於脈、氣、明點的數千部主要密續。她們完整地領受密咒道的所有主要教導。

三昧耶

稱作《珍貴寶鬘》的
《沙霍公主曼達拉娃的生世與解脫》
之第二十六章，
說明曼達拉娃如何依循預言見到金剛上師蓮花生，
以及她如何領受靈性傳授的次第，
至此圓滿。

27 以神蹟調伏國王

其後，正當金剛上師對給予公主及其隨眾的教導進程感到極為愉悅之時，一個不祥的徵兆發生了。當她們正在接受蓮花生上師的教導，並且為此慶祝時，一個名聲不佳又喜好挑釁的牧牛者見到她們處在全然喜悅的情況中。牧牛者回家的時候，聽到許多村民讚美曼達拉娃公主及其女性隨眾們，於是開始就其所見說出毀謗的閒話，這當然又造出了更多的閒言閒語。然後，謠言四散，最終傳到了宮中外大臣的耳中，然後傳到內大臣那兒，內大臣又跟王后提起。最年輕的后妃就去跟國王說：「您的女兒曼達拉娃現在與一個剃了光頭的普通在家男子住在一起。」

國王聽了十分生氣，責備年輕后妃的誣衊言辭，說道：「妳所說的話是愚蠢瘋狂的，妳的嘴有如一個惡孽的倉庫，像妳這樣愛好在背後議論如此不實言語的女子，和魔女沒有兩樣。我的女兒曼達拉娃公主在偉大的方丈面前出家，她對任何一位為她前來的各方國王都沒有貪執，她不可能會想與一尋常男子為伴。此話真是不可置信！即使是稍微想想，都不可能實際發生，因爲她住在五百侍女環繞居住的五重圍舍中，怎麼可能有人越過她們而無人知曉？即使她們其中一位把這侵入當做祕密，但是不可能所有的侍從都能保持緘默。我要知道是誰開始這個謠言的！把這個人帶到我面前！」

后妃回到七位內大臣那裡，他們又去找聽來謠言的外大臣。他們試圖想找到這個惡劣毀謗的來源，卻徒勞無功，主要大臣們就回覆國王說無法達成他的希望。國王感到格外忿怒，便斥責他們，並且警告他們日後要對其想法保持緘默。國王告誡他們許多重要人士都極想得到公主，而且周遭國王們可能對此感到不悅。他們全都被國王關進監獄裡。

國王聚集許多財富後，召集沙霍王國的所有人民，然後在所有臣民面前做出如下宣告：「嗟吠！沙霍王國的居民們，仔細聽好！曼達拉娃公主爲了追尋佛法之道而捨棄凡俗生活。有人說她與一個年輕僧侶在一起，宣稱目擊此事者應該站出來，這堆聚集的大量財富將會是此人的獎賞。」儘管有此驚人的提議，卻沒有任何一人上前索取獎賞。這則公告的消息廣傳至遠處，鄰近國家的國王們派出探子打聽此事是否爲眞，也都在詢問公主的居處。不過，由於無法發現任何不尋常之事，他們最終都回到自己的國家。

然後，遭囚禁大臣的妻子們去了牧牛者那兒，提供大量的金錢要他開口，並表示願意幫他看顧牲口，鼓勵他立即告訴國王他就是那個看到年輕男子與公主在一起的人。牧牛者前往城裡，在路上遇到九個令人不安的徵兆。到了市集時，他大聲向市民講話：「嗟！聽我說，王國的所有民眾們！我就是即將得到國王所提獎賞的人！我就是見到曼達拉娃有一位年輕男子為伴的人！你們可以自己查查看我的話是眞是假。」就這樣，他取得獎賞並且回家照料牲口。

國王聽到這個信息後，命令大臣們到曼達拉娃的宮殿調查。不過，王后卻堅持應該由她去，因此最後決定讓王后前往查看。王后到達時，因為遭拒入內而當場昏倒。這個消息傳到國王那兒，他在震怒之下，命令王后回到他身邊，並下令破壞曼達拉娃住處的門，立刻將她面前的男子帶回。

大臣們遵從國王的命令。然而，當他們進入內室時，非常驚訝地看到一位莊嚴的年輕男子坐在珠寶法座上，身體散發出明亮的光芒，著實是一幅威嚴的畫面。曼達拉娃公主及其隨眾全部坐在他前方的地板上，恭敬地雙掌合十，詳盡聆聽他的一言一語。大臣們無法完成國王的命令，只好回去稟報他們所看見的：「嗟瑪！陪伴公主與其隨眾的比丘並非尋常人！他若非財神之子，就是天神統治者大梵天之子，不然，他一定是位化現在人間的佛。當我們看見他是公主的精神導師時，我們無法打擾他。在做出任何反應之前，應該要小心檢視他的身分，這有其重要性。若對此人犯下錯誤，不可回轉的惡業即可能因而產生，如此的惡業積聚將很難淨化或懺悔。」

國王聽完他們的稟報後，忿怒至極，倏然從王座上跳了起來。「你們這些大臣們竟然願意破壞我定下的律法！任何如此污辱我女兒的尋常男子，都必須受到相應的懲罰。把這個低下的無賴抓起來，綁住，用一堆塔拉木將他活活燒了。至於曼達拉娃，她拒絕遵照我的意願嫁入體面的家族，現在竟然跟一個平凡的流浪漢在一起，把她丟到一個暗不見光的荊棘坑洞裡，她將在那裡度過二十五年不見天日的人間歲月。將她的兩個主要侍女關在暗處，剩下的五百僕從都囚禁起來！確定她們甚至永遠聽不到任何男子的聲音。」這道命令頒佈後，那些原本受監禁的大臣們皆被釋放了。

這個消息一字不漏地傳到鄰國，他們都很氣憤受沙霍國王所騙，開始著手整軍準備前來興師問罪。曼達拉娃公主以及兩位主要侍從都被抓起來，並如王命遭到懲處。公主對大臣們將如何對待珍貴上師感到十分憂心，她甚至在所有僕從面前以言語讓他們感到羞愧：「你們難道不害怕積下這樣嚴重的惡業，將會導致無數世投生於最低層的地獄道嗎？」然而他們什麼也做不了。

同時，金剛上師展現了證悟的神奇力量。眾多本尊顯現空中，突然下起雨來，柴堆變成了芝麻油的湖，湖中央綻放一朵神妙的巨大蓮花，周圍環繞彩虹與巍峨雲團。國王、大臣以及王國中所有人，都能聽到遍虛空中響起祥瑞的言語與歌聲。火圈環繞著整個湖與花朵。坐在蓮花正中央的是金剛上師蓮花生，顯現八歲相貌，具足一切相好。正常的一場火，七天就會燒完，不留一絲煙跡，然而這火的顯現卻仍持續！空中充滿了彩虹、樂音和淨香的芬芳。

那時，每個人都知曉這位年輕男子毫無疑問地確實是位化身佛。國王接見所有大臣，然後派遣首要大臣確登到現場，這個大臣在那兒驚歎地觀看火的轉變、湖的壯麗，以及湖中盛開的蓮花。花上坐著偉大金剛上師，他的神聖莊嚴相貌有如阿彌陀佛；他的四周有五名年輕女子，皆如曼達拉娃般美貌，手持五種供品。大臣感染到深厚的信心，跑步將一切所見回稟國王。

國王為了親眼證實，立刻與隨眾一同前往。無論他看向四方何處，都只看到明光，使得他驚訝地說不出話來。在那個時刻，讓人驚歎的少年蓮花生開口跟他說：「惡王終於來了嗎？他就是試圖活活燒死本質為三世諸佛上師的人嗎？極為執著世間的欺妄且強硬施行由無理迷妄所設之律法的國王，終於抵達了嗎？具有最揚揚自得的驕慢感並對其無辜女兒發動戰爭的國王，終於加入我們了嗎？五毒的根源是無明，現在及未來都缺乏認知的惡王，終於來了嗎？試圖欺騙眾生的國王，不善之王——邪惡的國王與他的不善大臣們，終於來了嗎？」

待上師的話音一落，國王因強烈的悔恨而心神錯亂，以致於不醒人事倒地不起。接著，他恢復神識後，痛哭道：「我怎會想要造下這樣的惡業？雖然我的女兒找到一位活佛，我卻用如此的邪見看待此事！喔，我怎麼會想得如此邪惡？嗟瑪！嗟呼！」他絕望地哭泣，並且開始拉扯自己的頭髮，抓傷自己的臉龐，同時在情緒失控之下，在地上翻來覆去地打滾。

主要的大臣們充滿了悔恨，開始表達最深的懊悔。在無助之下，他們向領袖——國王祈請：「聽哪，偉大的國王，人中之尊者！雖然我們告誡您要更仔細地檢視這位年輕男子，卻是徒勞無功。現在，您必須獻上懺悔、供養，以及祈願文。」這次，國王衷心接受他們的建言。沙霍的人民，不論種族、階級、年紀或信仰，奉命集聚在一起，數不清的人們前來見證。國王站在他們之間，開始對上師蓮花生進行多次五體投地的大禮拜。在他強烈懊悔的顫抖聲音中，獻出了此祈願文：「嗟瑪！哦，三世之佛，請聽我言！我現在心中感到無法承受的懊悔。當我試圖以最炙熱的火焚燒如您者，您卻將烈焰轉爲芝麻油之湖。接著，在這莊嚴之湖中，您圓滿光輝地展露，端坐在盛開蓮花的花蕊上。哦，無誤清淨者，超越之大師，我向您——自生無死之蓮花生頂禮並獻上讚頌！我以深深悔悟來公開懺罪，對我曾帶給您神聖證悟之身的任何傷害感到悔恨，乞求您原諒我的罪行！我謙卑地獻上我的王國給您，祈求您能即刻接受。我因札．畢哈拉達拉將留做您的追隨者，祈求您驅除眾生心中的無明！請即刻前來王宮接收您的王座。」

當國王獻上這個供奉與請求時，在場的每個人都在雲團與彩虹間見到天神、龍族、空行母、上師的化身、諸佛等，然後聽到精緻七弦琴的美妙音聲，伴隨著這些讚美詩句：「啥！禮讚偉大蓮花生之身，無所執亦無不淨染污！」大眾清楚聽聞到許多這樣的偈頌。接著，一切消融於虛空中，王國的人民充滿虔敬與信心。

偉大的金剛上師再次開口：「噯瑪吙！哦，偉大的國王以及您的子民，請注意！我是三世諸佛的本質！不受母胎染污，我自生於蓮花中。我出身如同虛空的本質，不受快樂或不快的影響。我的身體，本質無垢，不受火之元素所傷。善惡業行的作用於我毫無影響，然而由於迷妄的感知，眾生確然會犯錯。您的高尚品德，哦，國王，就像是最高的山——須彌山。這一切會發生都是為了要指引您到佛之道途上。哦，國王，不要絕望。我接受您的供養。現在我當如您所求的前往王宮。」

國王欣喜不已。他命令所有的大臣即刻啓程前往王宮，並帶回他最新、最好的絲綢錦緞斗篷、衣飾與王冠。他也命令他們帶回七部最好的馬車，裝飾好各式旗幟、勝利幡。他們迅速離去以完成國王的願望。當他們回來時，已準備好一個絲綢錦緞的王座，安放在最華麗的車駕上，金剛上師坐上座位，周遭環繞絲質旗幟、勝利與財富的旗幡。接著，國王供奉他的每一件王室織錦衣飾給上師。上師仔細穿上每一件錦緞衣飾，並穿戴上國王的王冠與靴子。然後，國王自己將車軛套在頸上，取代馬匹，開始拉車到王宮。全國所有人民見狀，皆環繞在車旁，在大遊行中，以熱烈的信心與虔敬，不斷供奉禮拜與祈禱。偉大的金剛上師抵達王宮時，進入內室，坐在有七種珍貴珠寶的王座上。

三昧耶

稱作《珍貴寶鬘》的

《沙霍公主曼達拉娃的生世與解脫》

之第二十七章[1]，

說明她如何見到上師蓮花生並接受法教，

以及如何由於惡意閒語的毀謗之詞，使得國王必須藉由神通方式被調伏，

至此圓滿。

①在藏文文本中，這個章節和前一個章節都被編號為第二十六章。為了清楚起見，我們把這個章節編號為第二十七章。因此之後的章節編號都比藏文文本中的章節編號多一碼。

28 脫離監禁

然後，國王吩咐將曼達拉娃公主帶到他的面前。當大臣們前去打開她被扔進的坑洞時，他們告訴她偉大金剛上師所行之奇蹟，並且給她看國王要求她進宮的金色羊皮紙信件。他們一遍又一遍地請她回應，她卻保持沉默。

大臣們徒勞無功地返回時，國王就叫王后去說服曼達拉娃來加入他們。王后帶著公主的絲衣，希望她能穿著回來。當王后見到女兒並且乞求她重新考慮時，曼達拉娃回答：「無論發生什麼，我打算在這裡待上二十五年，我當永不違背父王的命令。然而，您與父親只有我這麼一個女兒，您怎能做出對我的上師所做之事？他是真正的三世之佛！」然後曼達拉娃就在淚水中崩潰，倒在母親的懷中；她們兩人都不由自主地哭泣不已。

在短短的時間內，沙霍國中的所有女子們都開始哭泣。國王害怕公主已經過世了，就迅速來到坑洞處，發現她還活著，因而鬆了一口氣。他乞求她回到王宮，親眼看看所發生的一切。國王在淚水奔流中說：「哦，女兒呀，我從未打算要對妳的修行造成如此的障礙。妳這個父親對他的所做所爲感到深深的悔恨。我曾自以爲是如此的崇高，現在卻已墜到這樣的低處。我無理的行爲給妳帶來如此的哀痛，請原諒我。」然後他握住她的手，親吻她，她的母親則憐愛地撫摸她。

在她同意跟他們回王宮時，國王和王后都哭了。曼達拉娃與金剛上師重聚，在他爲她拭去淚水時，曼達拉娃對上師禮拜。她以這首由衷的虔誠之歌禮讚他：

「證悟者，您來到這個不善之地。您具有大無畏的力量，無所期待亦無所憂慮地到來。神妙證悟事業之總集，願您證悟顯現的持續光芒，祥運長存！生自蓮花，您的身體放射白紅彩光，殊勝相好莊嚴，三十二大人相燦爛到無法直視，三世之蓮花生佛陀，您崇高的功德超越凡心的理解。我虔信的向等同三世諸佛的您這位化身頂禮。做爲具足諸相隨好的樂受報身，您的形象如須彌山般宏偉且比例完美，您的體態如眾山之王，您的頭如寶瓶般渾圓，您的髮絲如同盛開的優曇婆羅花般動人，您的鼻子直挺完美，您的雙唇如同蓮花花瓣，您的舌頭如蓮花般長、厚且赤紅，您的五十八顆牙齒排列如同一片雪山般閃耀白光，您的面容安詳，您的頸項與下頷豐厚如同少年，您的語音燦爛如同迦陵頻伽鳥，您黑色的髭鬚如同威嚴黑熊之毛皮，您的膚色如同以朱砂精美描繪的白海螺，您完美的頸項狀如漂亮花瓶。讚頌您的相貌！您就如同一隻展現完滿光彩的雄偉雪獅。您的雙肩寬廣拱起且比例完美，您的手指與足趾纖長具有縵網，您的指甲為紅銅水晶色，您的臍部柔美如蓮梗，您的金剛杵器內縮如象或馬般密隱，您的腿腓如鹿腿，您的蓮足豐滿。您在一閃的瞬間穿越虛空，如同彩虹。您永遠青春的姿容造就豐滿強壯的四肢。當您微笑時，是如此的動人以致於無法找出任何過錯。您的相貌是如此悅人，再怎麼久看都不覺饜足。您的光彩如同光之寶珠般閃耀。觸摸您的肌膚為所有人帶來無比的金剛大樂。蓮花生，您是顯現這些殊勝神聖相好者。讚頌顯現三十二大人相的佛身。」如此，她極端虔敬地進行禮拜並獻上禮讚。

金剛上師非常高興，他回覆公主：「噯瑪！妳現在的親屬不能稱為慈愛的親人，真正慈愛的親人是帶妳步上眞實之道、顯露善道並使人離棄惡道的珍貴精神導師。妳現在的血親如今成為悲憫的對象；一般的親戚只會鼓勵妳追尋非靈性的道途。數數這樣的眾多例子，妳將清楚見到這確實是輪迴流轉。

「由於無法滿足他們永無止盡的需求與慾望，眾生不停息地受苦，這完全不是財富資產的目的。妳終於尋獲的是眞實財富的寶藏。聖者的七聖財是無法由外覓得的財富。除此七聖財之外，所有試圖求取與維護尋常財富的各種努力，都只是痛苦之因。我們所稱的財富無法在有、寂中尋得，它其實是妳內在、少受人知的珍貴佛性，由於未能認出佛性而導致它遭浪費；即使**眞的**認出，若不能保任維繫，也是個浪費。時候到了，要了解惡境能被轉化成靈性的力量與成就，並且善用這個眞理：以逆境與障礙爲道！」僅僅聽聞他的話語，曼達拉娃公主即自然獲得解脫。

畢哈拉達拉國王接著供奉聖者的肉體、一個滿願寶，以及王國的所有財富給他的女兒。他祈請上師將崇高的品德傳給自己，直至死亡的一天。他請求金剛上師停留在沙霍的土地上，直到所有人都達至果位。接下來的三年，金剛上師轉動法輪，教導如海廣大的佛陀教授。

當各方國王聽到曼達拉娃被獻給金剛上師的消息時，他們感到受騙，氣憤地集結軍隊，從四方進攻沙霍。馬哈巴拉將軍從一狹窄的深谷進入沙霍，占領了數個小村落。金剛上師此時介入，以神力對抗敵軍。特別是他開啓八大嘿魯嘎的壇城，使得進攻者潰轉，全數返回自己的國家。

金剛上師召集了國王的三百六十位大臣、五位王后、曼達拉娃的五百僕侍、他的一百零八名僧眾，爲他們轉法輪。他傳授了關於神聖口傳與護法的八部法教、大圓滿要言的五部續法、心要教法的四部著作、五部其他著作、二十部續法、密乘指示的四十二部法教。

各個弟子都由金剛上師引領達至果位，有二十位成爲大成就者①。所有的人都安立於靈性道路上而不退轉。觀世音菩薩的教法在沙霍的土地上廣爲傳佈，其處的所有居民都被引至果位。國王滅除了王國內所有的異端邪說，其後，他的繼承人——金剛上師蓮花生，繼承王座統治全國。

三昧耶

稱作《珍貴寶鬘》的

《沙霍公主曼達拉娃的生世與解脫》

之第二十八章，

說明曼達拉娃如何從監禁中被釋放，

以及上師蓮花生轉法輪而安立全沙霍王國在法道上並獲高階成就，

至此圓滿。

①大成就者（梵文拼音 *mahasiddha*），即大師。

29 捨棄輪迴

為了獲得無死成就，金剛上師準備前往名為瑪拉帝卡的洞穴。大家都乞求他不要走，卻是徒然。然後，他對曼達拉娃唱誦這首金剛歌：「嗳瑪吙！讓人讚歎、具有輝煌身軀的年輕女子！妳美麗的身形優雅、柔和且十足高貴。具有耀眼笑容的可愛人兒，妳的金剛身無有任何過錯的染污，形同一朵美麗的蓮花。當我注視這具足圓滿相好的年輕女子時，妳自在青春的形貌是如此閃亮，妳不可思議的美麗擄獲我的心。

「這曼達拉娃花朵只會年輕一次。仔細聽我說，哦，聖德之公主。在這無止盡的輪迴苦海中，若迷戀已然發生的輪迴，只會帶來更多無意義的迷戀。現在，該是為有意義之未來做準備的時候了。年輕公主，成就聖法！世俗活動無窮無盡，未來所能期待的只是延續過去一般的無意義奔忙。現在，該是從種種活動中解放妳自己的時候了。年輕公主，觀看自心！當一個人被怒氣所征服，就會錯誤地將敵人視為外來，這會導致自己與他人過去的失敗，而未來所能期待的當不過如此。該是調伏妳自心迷妄的時候了。年輕公主，掌控自己！受妄想所征服，對輪迴之因不感羞愧且無法辨視，妳對未來還能有什麼期望呢？該是了解這一切謬誤並無有散亂地繼續佛法修行的時候了。

「年輕公主，生起自己的智慧！妳若受驕傲所征服，執取王后的生活方式與命令他人，妳將會永遠持續不變。該是檢視自己以及命令自己的時候了。年輕女子，認清自己的缺點！當妳被嫉妒所征服時，就會挑撥離間且貶低他人。對地位與權力的競爭將永遠像過往以來的那般。追隨勝者之道的時刻已然來臨。

「年輕公主，修習清淨的感知！在這惡業積聚的漩流大海，不善的轉生將永遠像過往以來的那般。禪修本尊空、明形象的時刻已經來臨。年輕公主，精進於生起次第之道！基於迷惑的言談是增長妄想之因，過往那不停的閒談在未來也只會是一樣的。持誦空性音聲之本質的時刻已經來臨。

「年輕公主，生起本尊！年輕公主，禪修生起與圓滿次第，此甚深方便道是持明者（清淨覺性持有者）的祕密道，我好奇妳是否有進入此道的福報。禪修無分別且清淨之感知的時刻已經來臨。年輕公主，生起專一的信心！」

當曼達拉娃聽到這些話，感動得無法自已，做了如下回應：「噯瑪吙！如此悅目的年輕男子！您身體的各方各面皆比例完美，具有圓滿諸相隨好的無上身形，無論我怎麼觀看您都不覺饜足。無論我聽聞多少您悅耳且意義深遠的金剛語，都仍想要聽得更多。無論我感覺到您多大的無休止慈悲，我的心仍然無法承受與您分離。

「從今起至未來的生生世世，至高無上者，請永遠持護我於您的慈悲照護之下。無論我見到何人，無論我到何處，無論那個國家是好是壞，這所有的經驗就像是在一個眾多靈者的巨大城市裡。

「當這女孩死亡時，我將沒有自己的國家。何方能夠找到眞正的祖國？這座由珠寶裝飾的王宮也許美輪美奐，但卻像即將破裂的氣泡，不會持久。

「當這女孩死亡時，她將不再擁有充滿親屬的家。何處能找到一個永恆的宮殿？雖然我的父親沙霍國王來自出眾的種姓，他就像飄過空中的雲朵，並不會永遠留駐。

「當這女孩死亡時，即使是我父親的名字也將不復存在。何處能找到我祖先的永久宮殿？雖然我的母后生於最高的家族種姓，她的地位就像一個暫時歇息的坐處，將不會穩固保存。

「當這女孩死亡時，將不會有朋友能眞正分享那個哀傷的體驗。何方能夠找到一個永久的朋友？雖然滿願寶是所有珠寶中的極品，卻不會永遠存在。

「當這女孩死亡時，就像草上之霜，沒有一點財富是她能帶走的。何處能找到永久財富的福分？在這輪迴之處，人不斷受世俗活動所分心，受基於貪求與瞋恨的五毒阻礙力量所局限，由於取得不善的色身而生起更多對親戚的貪求，忙著說謊、惡言、閒語而沒有時間憶起佛法。求求您，用您無量的慈心保護我免於這個惡業。我乞求您帶我一起步上這個旅程，以便我們可以永不分離。現在請跟我透露此密乘的珍貴之道。」

然後，金剛上師回答：「善女子，雖然妳擁有福報善緣，若要修習密道，就必須在無論何種艱難顯現下都能精進修持，即使代價是妳的生命也要維護！要成就密道，就必須有著思考未來並現在就準備忍受艱苦的心，必要時還要願意捨棄這個血肉之軀！」

曼達拉娃回覆：「我具有不絕的巨大信心、清淨見地與熱誠虔敬。我請求您帶我一起走這趟旅程。即使我必須吃土石來維持自身，我也願意！」

然後，上師說：「啊呀！那麼我將前往東方。年輕女子，妳應當轉身面向東方。保持現在的狀態，直到我們再次相見；無論妳可能變得多麼害怕，都要保持清淨感知的勇敢尊嚴。」

說完後，他昇到虛空中，所有卡雀里淨土的空行母都來護送他。沙霍國王和他的大臣、官員、民眾等都哀傷不已。他們在悲痛與不可自抑的啜泣中，向上師祈求。

第二天破曉時，在所有人的注視下，曼達拉娃離開了，她對國王、她的親屬、侍從、財富以及產業，沒有絲毫貪執留戀，而是保持禪定之姿，安坐在鄔金上師蓮花生慈悲的保護網中。她穿越了不只一個，而是兩、三個山谷與國家，突然間，曼達拉娃發現自己身處於一個恐怖、猙獰、惡劣到不可置信的土地上，無人居住。

在漫長的三天裡，她一直陷於毫無食物、飲料、庇護處的崎嶇峽谷中。她極度饑餓又冰寒徹骨，唯一能聽到的就是許多熱帶鳥類與野獸的淒厲聲響。最後，她奮力爬上一處山峰，卻只發現自己又必須下到另一個恐怖的無望山谷。她因而感到沮喪不已，在擾人的憂傷中，她進入自己的靈魂深處，發現自己本然的熱切虔誠仍維持不變。她在急切絕望中哭喊出：「嗟瑪！嗟呼！鄔金上師尊聖主！揭示解脫道的上師！請您以悲心憐憫照看我！首先，我來到這個北方之國。其次，我被一個充滿野獸的密林給吞沒。其三，嘩啦落下崎嶇山谷的水聲貫穿我的耳朵。我害怕自己是在魔鬼與食人族占據的蠻荒之國！哦，優雅的年輕男子，我在哪裡能夠找到您？沒有您，我的心不安且脆弱！

「首先，我在此無人居住的土地上，這裡的草狂野到能隨風起舞。其次，森林裡不斷有野獸的哭嚎聲。其三，太陽被夜晚的黑暗所蒙蔽。我懷疑自己是否已進入此生與來生之間的中陰間？在我的耳中，那有著音樂般悅耳話語的人在何方？現在，此時此刻，你看不到我，這使我的心充滿冰冷的哀傷。

「首先，我獨自在這個國家，沒有任何一個友伴。其次，這就像一個鬧鬼的屍陀林。其三，不斷有叢林野獸的淒厲喧囂。我似乎已來到死神的城市！現在，請盡速以您慈悲的憐憫觀看我！將我置於您的心中，哦，圓滿之法尊！」然後她就在淚水中倒地。

由於蓮師的全知，他知曉曼達拉娃的無助而來到她身邊。曼達拉娃在他面前哭泣，在極端感激之下，她抓著蓮師，並緊緊抱住他。上師接著對曼達拉娃說了以下的話語：「如今妳被迫面對這樣一個惡劣蠻橫之地，妳那充滿勇氣的無畏諾言是怎麼了？這讓人畏懼的環境對修行者來說，正是生起眞實修行的催化劑。逆境是行者的眞實財富。這樣卓越的修行處所是成就最密甚深佛法的昇華處。一個駭人、不舒適的地方是處理散漫念頭的利刃。經由猙獰的屍陀林這樣的環境，常見的欺妄見解即可揭穿。了解荒蕪可怖之地的如幻本質，就是發現最密的聖法。叢林之音是中陰的引導。悲傷與振奮，眞實與欺騙，這些都是無存的。上師相應的眞正修行就是培養不滅的熱切信仰。這是尋求從中陰解脫的歇息處。在中陰間，如同千龍咆哮的恐怖音聲就像是死神使者們逼近的聲音，一劫之光也無法照亮這樣一個黑暗的棧房。彷彿陷於處處有鋒利武器的密林中，還有八個恐怖狹道與四個忿怒聲響。這痛苦難忍得超乎想像！」

一瞬間，曼達拉娃的惡業與障礙得到清淨，所有在道上培養的崇高功德在她的心中生起。

三昧耶

稱作《珍貴寶鬘》的

《沙霍公主曼達拉娃的生世與解脫》

之第二十九章，

說明她如何藉由上師的解脫指導，

出現捨棄輪迴的跡象，並且尋得眞正佛法的道路，

至此圓滿。

30

於瑪拉帝卡洞成就長壽

其後，他們一同前往瑪拉帝卡洞穴，此地為具有完整外、內、密壇城的神聖力量之處。從圓滿崇高的表徵來說，此地就如滿願寶，於修行成就方面超越了印度任何其他的聖地。上師與明妃皆生起本尊壇城，公主並向金剛上師獻上此供養文：「爲了能進入金剛壇城的祕密道，我獻上此具大福報的自身做爲曼達供養。」

曼達拉娃如此奉上自己的身體與生命，並對金剛上師吟唱祈請曲：「嗟！哦，偉大持明者蓮花生，在此珍貴時刻，在您即將賜予持明者的珍貴祕密道灌頂之時，藉由您的慈心，請授予成熟圓成的外、內、密灌頂。」

接著，從偉大金剛上師前額暖處湧出賜予瓶灌的加持。依序而下，他授予：能開展所有神聖功德的祕密語灌；能生起根本流的水晶心意灌；爲了揭露法爾實相本性的究竟指示心意灌。他授予：能淨化氣脈的大樂灌；能淨化根本風的虛空甘露灌；雙運修持道的金剛壇城灌；清淨雙運修持的大祕密灌。他授予解脫五毒的五本初智慧灌；他授予金剛上師灌以圓滿成爲持明者之境。最後，他給予揭露灌頂清淨道的灌頂。

如此，曼達拉娃因所有傳授而成熟後，獲得行持生起、圓滿次第修法所需的崇高功德。他們修行三個月之後，見到長壽佛（無量壽佛）清晰現前，因而獲致不死持明果位。上師表示她是有福報的持明者，爲了滅除一切阻撓他們成就的可能障礙，他們兩人皆應修持馬頭明王本尊法；於是他們修行馬頭明王枚察雷鳴法（Hayagriva Mechar cycle），本法來自一部馬頭明王與金剛亥母的雙運續法，名爲「精要蓮華大戲耍與千部根本教誡寶」（The Great Play of the Quintessential Lotus and the Treasury of One Thousand Essential Instructions）。其後，上師與明妃皆清楚見到馬頭明王，從此，在他們周圍能清楚聽到馬頭明王的嗚嘶聲與「吽」聲。此時，所有可能的邪魔與障礙力量都已消除。曼達拉娃集結了超過一千種廣、簡長壽法的寶藏，包括精要的直指心性教法。上師與明妃兩人皆從生老病死的過程中獲得解脫，直到此一切存有之盡頭。他們以樂受報身顯現，並以此繼續圓滿雙運的祕密修行。

當金剛上師化現自己爲略帶忿相的佛部上師身形時，公主也循此而爲。在本初智慧的全然清淨壇城中，他們發現了無垢妙顯的本覺。他們得到超越尋常元素的能力，具有包括在堅實物體上留下印記、散發虹光等等的能力。他們的證悟雙運使得天空自然降下花朵，並征服且召喚那些受縛於誓言的密乘護法。接著，這些護法們被授予任務，以確保成就長壽的傳承無礙延續。甚至天神、龍族、人間諸神及其眾等亦毫不猶豫的獻上他們的命藏。金剛上師以「無死蓮花生」而聞名，曼達拉娃則為無死的空行本初覺知持有者「娟門・卡嫫」，白海螺之女。

三昧耶

稱作《珍貴寶鬘》的

《沙霍公主曼達拉娃的生世與解脫》

之第三十章，

說明她如何於瑪拉帝卡洞穴獲得成就長壽的教導，

以及如何成就無死的本初覺知持有者之境界，

至此圓滿。

31 降伏寇塔拉王國的外道

然後，金剛上師知道，調伏寇塔拉國眾生之心的時候到了。當他們❶抵達該國時，寇塔拉的寶吉祥國王及其五位親近侍從正在王宮附近的一個清涼花園裡休息。

金剛上師要曼達拉娃唱首歌，因此她唱道：「噯瑪！在寇塔拉中這個怡人的花園裡，國王與大臣們、五位具福德的侍從聚在一起，我這居無定所的流浪者將要唱首歌，我請求您仔細聆聽這首歌的內容。由於您過去積累的卓越業行，您在此生享有國王的投生。做為具有巨大財富恩賜之人，您打算如何減輕那些受貧窮所苦、虛弱無助者的痛苦呢？假如加強執行律法與管控是解決之道，那麼您要如何區分何者爲有益的、何者爲有害的？以您擁有的一切能力、侍從、土地與財富，您已在哪裡建立並傳播十善業的教法呢？您有一切的娛樂享用、特別慶典、器樂表演，您的心有多大部分是能體認因果定律的？儘管大家都能見到這美麗怡人的王宮，但是精神導師與上師居於何處？雖然您的政治力量廣闊，但是有誰在從事或傳佈佛陀的教導？現在第二佛陀已然來到您的王國，國王與大臣們，您們是否有足夠福德接受他？」

直到曼達拉娃唱完，國王與大臣們才看得見她，那時國王與大臣們也見到顯現為在家修行者的金剛上師。最年輕的大臣走出來，轉身面向他們說了這些話：「嗟瑪吙！哦，化身的體現，神聖高貴的功德是您的莊嚴。您相貌的光彩看來如此悅人，您有一位我們從未見過的女性佛法修行者伴隨。原諒我，請告訴我您來自哪個國家？來此有何意圖？從這裡之後，您接下來要去哪裡？對我的疑問，請給予眞實的回答。」

曼達拉娃回覆：「噯瑪吙！這位偉大的精神導師生於達納郭夏湖，是具有一切驚人表徵的完全證悟者！他以蓮花生上師之名廣為人知；他的本質是三世諸佛。我是來自沙霍的曼達拉娃公主。我們剛從瑪拉帝卡洞穴回來，即將前往一個與世隔絕的巖洞，繼續我們的閉關。」

國王與侍從們立即回家，召喚所有的家族成員說：「嗟！沙霍國的精神導師來到我們王國了。他以偉大的蓮花生上師——從蓮花所生——而聞名。聽說即使是四大元素也不能傷害他，他具有神聖的神奇能力。今天，他在曼達拉娃公主的陪伴下來到我們王國。他們告訴我們，他們計劃前往一個高山洞穴中閉關。讓我們佈置王宮，準備一個傳法的法座，讓絲質的勝幢、樂

❶此處英文主詞為 he，但依文義判斷應該是蓮師與佛母一同。

音、薰香等物佈滿虛空。」內外大臣及其隨眾連忙進行迎請的準備。當一切就緒時，他們與國王一起前去邀請並護送上師到王宮。金剛上師坐上莊嚴的雪獅寶座，曼達拉娃則安坐在他身旁的絲綢錦緞座上。

然後賢者卡瑪達尼，這位受人尊敬的聖人、也是國王的精神導師，向上師說：「嗟！您以鄔迪亞納國的大學者聞名，是不受火之元素影響的化身體現，我們聽說您是無有貪執的化現，然而您卻在公主的伴隨下。公主選擇無足輕重的地位，做您的僕從。我們也知道眾方之王曾試圖贏取她的委身，然而，她拒絕了所有人，決定追尋佛法之道。是什麼讓您能有資格贏得她的相伴？依我之見，您若明智，就應當將她交付給這個王國，或者讓她獨自作主。哦，化身，這個女孩是讓許多人對您懷有疑問之因。」聖者如此說後，國王請上師留駐做為自己的皈依對象，並且讓曼達拉娃回到她自己的國家。然後上師對他們說：

「嗟瑪！哦，善德的聖人，卡瑪達尼，我是三世諸佛的本質。就如同無法改變虛空的排列一般，對我來說，很難用許多先入之見來做孩童般的思考。公主是金剛佛部的空行母，已經證得無死境界。無論哪個王國具有多麼優良的環境，這些仍是世俗糾纏之地，她無法如此生活，因此拋下一切追尋佛法之道。她拋棄所有的王國，完全沉浸於調伏有情眾生心意的工作中。

「你的言語是虛幻迷妄的結果。從蓮花出生的上師如同雪獅，具有住於雪山頂峰的能力，全然自信的他，永遠不會軟弱地將冰雪視爲敵人。從蓮花出生的上師如同華麗的孔雀，雖然飲食含毒，毛色的光彩卻因而增長，全然自信的他，永遠不會軟弱地將有毒的食物視爲有害。從蓮花出生的上師如同住於空中、統領四大元素的翠藍色之龍，全然自信的他，永遠不會軟弱地因爲聽到巨響而墜入地面。從蓮花出生的上師如同大海，他的耐心遍及一切淨與不淨，全然自信的他，知道一切言語的本質如同回音。從蓮花出生的上師如同不區別好壞、接受一切的地基，全然自信的他，視所有相矛盾的概念其實是眞實的映照。從蓮花出生的上師如同自性本初圓滿、顯現六種卓越的大鵬金翅鳥，全然自信的他，永遠不會被任何鳥類的力量所削弱。從蓮花出生的上師如同在虛空中不停移動的風之元素，全然自信的他，永遠不會受有限覺知者的障礙所嚇阻。從蓮花出生的上師是智慧方便雙運的密咒乘道之守護者，全然自信的他，永遠不會被較低乘的教條給威脅。曼達拉娃女是本初智慧的明妃，她的身體顯相視需要而能轉變爲一切，全然自信的她，永遠不會因邪見而變得軟弱。對我與曼達拉娃的耳朵來說，你基於迷妄覺知的錯誤謬言是令人震驚的。」

賢者卡瑪達尼剎時變得氣憤，他提出反駁，告訴國王與大臣們：「嗟瑪！哦，國王與尊貴的大臣們！這個叫做蓮花生的邪惡流浪者不過是個聰明的魔術師！他在玩弄並且欺瞞有情眾生的心。此外，他從沙霍帶來的這個女孩，毫無任何德行，她自身就是佛法之道的恥辱。我完全不同意讓他們留在我們的王國，您必須認眞考慮是否立即將他們送回自己的國家。」

聽過賢者所說的話語後，國王與大臣們遂改變了心意。現在，他們感到被上師欺騙了，決定將他送走，並且請求賢者就他們對他所造成的任何傷害原諒他們。他們保證日後不再與上師有任何牽扯，一切都會回到原樣。然後金剛上師就說：

「曼達拉娃化現爲一個特別顯現的時機成熟了。由於他們因爲這個所謂賢者的驕慢而決定將我們放逐，我們現在應迅速前往目的地的高山巖洞，從那裡，將會有各種化現來調伏這個王國，並且安置所有人在法道上。」如此說完後，他們以神行術①離去，立即抵達高山巖洞。

國王與大臣們回到王宮，他們推斷不出金剛上師及其明妃如此迅速祕密地離開，究竟去了何處。他們開始詢問每個人是否知道這兩人去了哪裡。調查後，他們都覺得這兩人一定是進入高山巖洞。國王、大臣以及卡瑪達尼聚集在一起，一致認爲那座高山位處王國中央、不宜人居，便決定堅持讓上師及其明妃即刻從那裡離開；假如他們違抗這道命令，就要用武力驅除他們。他們派出一個信使，並開始爲打仗準備軍隊。同時，上師及其明妃從山頂上聽到這個消息。

金剛上師就要求曼達拉娃顯現她的神通。曼達拉娃轉化自身爲一位九頭的忿怒空行母，手中揮舞著武器以及一條人腸繩索，雙足平穩地踩著兩座山頭。當她揮舞著火繩時，灼熱咆哮的烈焰聲響傳遍各處。從她的口中宣告自己是曼達拉娃，是佛之體現，並說她將吞噬一切教法的敵人。這使得所有的士兵立刻撤退，並且將她變身與威脅的驚人消息帶回給國王及其臣眾。國王在震怒之下，集結軍隊，下達嚴峻命令，要投擲如冰雹暴雨般的炸彈來消滅敵人、炸個粉碎。然後軍隊與外道卡瑪達尼❶、九個侍從一起向他們開戰。

當軍隊來到近處要開始猛投炸彈時，上師化現為獅子吼❷，曼達拉娃則化現為獅面空行母。當外道們揮動武器要開戰時，空行母如獅般吼哮，這聲音使得炸彈消散，也讓士兵們全數昏厥。然後外道們唸誦惡毒邪咒，生出如流星般的箭雨，當箭接近時，空行母將它們轉為花雨。什麼都無法傷害上師及其明妃。

上師接近他們說：「哦，忿怒咒語的大力外道們！兩個謙卑的男女修行者幾乎不可能是你

---

①神行術（speed-walking，或譯神足通、迅走術）是八種世間修行成就之一。中譯註：傳統的八種世間成就，或稱「共的成就」，包括隱身、神行、金丹、妙丹、眼藥（指一種能看見遠、近、大、小物體的特殊眼力）、土行（感知並取出地下寶藏，且可隨意施予他人的法力）、寶劍（只要手持煉成的寶劍，即可具備登天或空行本領）和空行（空中飛行之術）等八種成就。

❶英文版此處為Kotashri，根據上下文，相信為誤植。

❷獅子吼上師是蓮師的八種化現身形（蓮師八變）之一。其餘化現詳見第三十八章英譯註①。

們力量的對手。讓我們終止這一切，就決定比試的勝者管控這整個王國。」國王與大臣們同意這個計劃。異教徒開始唸誦具有威力的黑咒，降下九大雹暴夷平左右兩邊的山巒。金剛上師亮出威嚇手印，造成一個極具威力的雹暴降臨，使得外道們因而死去。卡瑪達尼嘔血，在瀕臨死亡時，絕望地呼喚國王及其大臣們，問他們是否有辦法挽救他的生命。同一時刻，空行母將山巒恢復成原樣。

國王與其大臣們再次聚集。然後傑出的大臣阿季斐加向上師蓮花生說：「眾多王國的聖法啓蒙者，四大元素的掌控者！實無需要與您這樣的人比試，當您來到這個王國的時刻，您就已爲此處注入信仰。由於我們稱爲聖者的卡瑪達尼之所做所爲，他應該被逐出王國，所有的外道都應被根除到連名字也不留存。王國需要一個合適的皈依對象，而卡瑪達尼根本無法滿足此需求。除了第二佛陀的慈悲，還有什麼希望呢？這個國家受眞正皈依對象保護的時刻已經來臨。」國王及其大臣們都同意。然後大臣阿季斐加就建議國王到上師與其明妃處懺悔，並請求他們護佑王國。此外，他們決定請上師饒了卡瑪達尼的命。

國王來到上師與其明妃面前，尊敬地祈請：「嗟瑪吙！哦，偉大的金剛上師與明妃，神妙證悟事業的主宰！請用您悲憫之鈎持受身爲無知眾生的這個國王與其大臣們！我們向您皈依，並乞求您的寬恕。請賜予我們珍貴聖法之禮。我們依循先前導師的錯誤建言，犯下了嚴重的錯誤。」

金剛上師回答：「無過失的蓮花生與明妃遭國王及你的臣眾所打擾。你們受控於迷妄感知，依循自己相應的業而行。這個不善、殘忍的所謂賢者，將你們全部轉爲反對我們。雖然如此加害的意圖對我並無傷害的作用，但是卡瑪達尼是最終輪掉的人，現在，他必須拯救自己。安置整個王國在聖法之道上的時刻已經來臨。」國王與大臣們迅速懺悔他們的惡行，並乞求上師慈悲原諒他們的迷妄，接著一位大臣返回時發現卡瑪達尼已經死去。

其後，國王遵照金剛上師所說的每一句話。他召集所有臣民，在偉大金剛上師面前，接受因乘的教導。經由當時曼達拉娃所給予的說明，國王與大臣們都獲得解脫。王國中的一千位女性修行者視曼達拉娃爲精神領袖，由其處受出家戒，另有數千女眾開始日夜修習佛法。接著，金剛上師對國王及其大臣們教授密咒，並收寶吉祥公主爲明妃，帶領弟子們進入蓮花部的馬頭明王壇城。他連續三年常轉法輪，王國中有超過一百人獲致解脫，三千男女行者得到圓滿成就。

三昧耶

稱作《珍貴寶鬘》的
《沙霍公主曼達拉娃的生世與解脫》
之第三十一章，
說明她如何安置寇塔拉王國於佛法之道
以及如何制服外道，
至此圓滿。

32 收服屍陀林的鬼靈

上師與明妃前往名爲卡林嘎與辛哈瓦納的屍陀林，那兒聚集了師利嘎妮、普拉悌瑪、蘇卡瑪等忿怒空行母，以及其五百一十名隨眾。白天，他們停留在半陰暗的樹影中；夜晚，上師在烈火花園與屍陀林女魔們行雙運修持，然後，他對所有的忿怒空行母轉法輪。

那時，曼達拉娃正前往北方名爲勇杜匝的屍陀林，對駭人的惡靈之眾展現許多神奇力量。這些不堪的眾生，有的在恐怖中尖叫與尖聲噓嘯，其他的則在絕望中呼喚它們的魔神。有的拖曳四分五裂的軀體，其他的就敲打著剝離的皮。有的歇斯底里地嗚咽，有的唱著具旋律的歌。有的拿著武器，其他的則喊著「殺，殺」！有的造成山崩，其他的則將海推回。有的生火，有的伐木，有的推動岩石造成土崩，有的試著傷害曼達拉娃的身體。它們用許多方式展現其魔力。

空行母向上師祈請，在一瞬間，他就來到她的身旁。「這些屍陀林的惡鬼是妳所要馴服的。過去在達瑪如王國有許多大臣，連同他們的國王，從未生起信心。那時，妳身爲貝瑪婕，成為王子的有力伴侶，許多如惡魔般的大臣與他們的眷屬做了邪惡的祈願，從那時起，他們就轉生為這些惡靈。妳是從以往就發願要調伏其心的空行母，要如此做，就得以五年的時間，用雙運與解脫的慈悲方便來調伏它們，並且對它們揭示教法。我將鎮服其子達哈等眾，並將它們安置在果位與解脫的密咒道上。」如此授記後，他就回到自己所在之處。

曼達拉娃現在知道，她將這些暴躁鬼魔帶領至佛法的時候到了；曼達拉娃打算無論需要怎麼做，都要帶領它們得致證悟。她前往屍陀林內名為嘿瑪匝的洞穴，在那裡施行了較先前更強的證悟神妙事跡。

然後，空行母對所有的鬼靈唱了這首歌：「嗟！你們所有聚集於此者，聽著！為了要渡過這個輪迴大海，你必須小心依靠無執之船。我是已經跨越此大海之女子，願你們所有鬼靈皆能得致我的成就！為了要穿過妄想的廣大平原，你必須騎乘精進之馬。我是已經跨越此廣大平原之女子，願你們所有鬼靈皆有同樣的成就！為了要渡過貪執的大河，你必須建立無執之橋。我是知曉此無執大樂之女子！我將對你們所有鬼靈揭示此無執大樂。在令人驚懼的死苦窄道上，無生友伴能賜予自由。我是已經獲得化身境界之女子，我將對你們所有鬼靈揭示此道。為了要逃脫死苦的牢籠，就必須知道能穿越達至超越哀傷之境的方法。我是已經獲得無死之女子，我將對你們所有鬼靈揭示我曾走過的道路。過去一切諸佛都曾超越輪迴中的這個炙燃惡業火坑，而到達彼岸的境界。我是已證得佛果之女子，你們鬼靈眾等，這些與我對抗的迷妄形體，是我慈愛的對象。」

即使她這麼說了，鬼靈們仍然繼續施展魔幻本領。她呵斥鬼靈們說：「你們的魔法力量如同一個小女孩的玩具般！」然後鬼靈們釋出一陣喧囂鼓噪，有些最殘暴的魔頭開始將空行母的身體往各方拖扯，有些開始毆打她，有些強暴她，有些拉開她的密處，其他的則忙著生火運水，展現自己不可思議的力量。

此時，空行母安住於悲心的禪定之境，毫不動搖。接著，她進入忿怒相的禪定之境，現為炙燃凶猛的忿怒女，將惡鬼的雨、雹、雷轉變為煤與燒過的木塊，她喊道：「吽—呸喔（Bhyoh）！我是三世諸佛之佛母！你們全部連同侍從都要屈服於我！我是炙燃凶猛的忿怒女！我是所有不受慈愛調伏之鬼靈的終結者！我將令你們交出命藏，你們將承諾立下誓言！」

惡鬼們立刻遭到制服，有些失去意識，有些在恐懼中試圖逃走，有些發瘋，然而都無法逃出她的指令。惡鬼們因著空行母的身體光芒，一個個全都宣誓效忠，醒悟趨向善道。接著，空行母賜予它們祕密灌，她的祕名變成喀喇羅剎．瑪拉吉塔。她給每個鬼靈一個法名以及誓言之水。她自己則繼續散放許多化現，所有化現都繼續藉由祕密道解脫惡鬼，因而專事於揭示密咒教法。惡鬼們全部證得密咒，所以她進一步將精要祕法託付它們，並授予它們稱作「忿怒鬼魔調伏者」的完整成就法，包括所有直指教法以及補充修持。然後，她吩咐鬼靈們在未來將所託付的教法傳給西藏的轉世上師們，並且進一步授記所有的鬼靈最終都將證得佛果。

三昧耶

稱作《珍貴寶鬘》的《沙霍公主曼達拉娃的生世與解脫》之第三十二章，說明曼達拉娃依據金剛上師的授記在勇杜匝屍陀林收服八百零七個鬼靈，轉法輪並安置它們成爲伏藏守護者，至此圓滿。

33 使遮末羅的食人族走向佛法

然後，偉大上師說：「嗟！聽好，曼達拉娃公主！在遮末羅的銅色洲上，仍有眾多未被調伏的食人者，他們的國王名叫匝卡哈·哈，他們的王后名叫布瑪嘤。妳去調伏他們心意的時候到了。用神行術行至此國中央，在稱作哈塔金的王宮小尖塔，妳將被住在那裡的食人王后給吃了，在那個時刻，遷入妳的心識，占據她的身體，假裝妳是她。然後，征服國王，妳將帶領他們全部走向法道，妳將用三年的時間教導他們一切密咒。我蓮花生將在另一個國家轉法輪，然後我們將一起去鄔迪亞納國，在那裡設立佛法。」

領受蓮師的授記後，空行母在三個月內完成神行術的修習，然後她前往遮末羅國，直接到了王宮的尖塔上。她在那裡找到身色爲紅、橘髮豎立的布瑪嘤王后，她的獠牙大到觸及胸部，穿著剝下的人皮，額頭聚滿皺紋。布瑪嘤王后口中發出刺耳的呼嘯聲，一瞬間就吞下空行母。空行母喊出「呸」並遷入她的心識，使得王后的身體倒下裂開。食人王后的腹部裂開，公主出現。這時，其他的男女食人者聚集來看倒下的王后，也看到另一個女孩從王后的身體裡冒出，他們對於王后奉獻自己的身體覺得很不可思議。雖然他們不再有王后，但他們覺得這個女孩是王后的女兒，因而接受她。

匝卡哈·哈國王說這個女孩長得不像他，不會是他的女兒，所以決定立她爲自己的王后，他們一起前往國王的王宮。那晚，當國王熟睡時，空行母將國王的神識轉移至淨土。事業勇父，即金剛不動佛的化身，融入國王，占據他的身體。自此，整個王國都在控制之下，每個人都被告知要修習佛法。不過，仍然沒有人聽從，而且王國的人民責怪王后，宣稱要殺了她，在此動機的驅使下，人們執持武器前來。

曼達拉娃將自己化現爲一獅面忿怒空行母，金剛不動佛國王則現爲忿怒嘿魯嘎諸本尊，他們才只發出「吽」聲，所有食人族就恐懼到癱瘓。食人族眾瞠目結舌且嚇呆了，變得全身無力。嘿魯嘎們藉由拍打手掌，開始將食人族們一個個殺掉。逐漸地，食人族眾答應要完成所有的要求，他們開始靈性修持。那些傾向善德者被帶往密咒之道，那些持續不善者則以忿怒方式被懲罰並解脫。空行母相續如流般地給予諸多成熟灌頂。

國王則授予解脫的論述。他們日夜都在修習聖法，因此，諸眾都在同一理解與了悟合一的覺受中得到解脫。他們轉了三年的法輪，最終，每一個居民都證得虹光身，遮末羅國變得空無一人。

三昧耶

稱作《珍貴寶鬘》的
《沙霍公主曼達拉娃的生世與解脫》
之第三十三章，
說明曼達拉娃帶領遮末羅的男女食人者步上法道
以及他們如何獲致虹光身及國家如何變得空無一人，
至此圓滿。

34 在八個國家之八大神蹟

然後，上師及其明妃曼達拉娃前去八個大小屍陀林居住，包括拿帕匝千與凱拉卓。在此期間，偉大金剛上師為忿怒空行母、天神及食人族轉法輪；同時，曼達拉娃也展現了八大聖行。

首先，在名為「甘露花園」的忿怒聲響屍陀林，當八個忿怒空行母施展她們的幻術時，曼達拉娃送出五個化身，以金剛跏趺坐姿端坐在虛空中，芬芳甘露自他們的手掌中流降，變成處於八方的八大甘露漩流湖，每個湖中各出現一朵千瓣蓮花，蓮花花蕊上坐著一尊她自己的化現。每一尊化身周圍環繞著許多一模一樣的化身，有的做供養，或繞行，另外還有彈奏七弦琴者；有些進行禮拜，有些唱誦禮讚，有些則在擲花。

此神奇展現使得所有忿怒空行母盈滿信心，她們歌頌：「嗟瑪！人類之公主，曼達拉娃！您是具有最令人讚歎聖德的佛母！身為第二佛陀的主要佛母，您已完全圓滿無念覺性之三摩地。您的神妙體現散放五尊不同的光身、千瓣蓮花，以及盈滿甘露的湖泊。具五神聖功德的無瑕空行母，您是超乎想像的自生神妙化現。我們現在請求所有聚集於此屍陀林的空行母們，請您們以聖法爲禮物來滿足我們這群忿怒空行。」

曼達拉娃以此金剛歌回答：「南摩蓮花生上師！在原本清淨的虛空中，法身之湛藍穹蒼開放而顯露涵攝十方的彩虹報身。化身之大雨降在無礙弟子園的無生土地上，以任何所需的方式來調伏。五本初智慧的無盡顯現使得各乘精要教法的無瑕果實得以成熟。此果熟，如虛空遍佈，是大喜的非和合之境。藉由鄔金蓮花生上師、三世中之無上尊者的加持，我具有極大福報而獲此無染殊勝體現。現在聽著！雖然現象的存在是基於因緣相依，這個空行母代表存在的清淨覺知，而妳們忿怒瑪姆①則代表世間的不淨忿怒展現。本初上，在妳們本具清淨的本性中全都沒有迷妄，然而，因爲暫時的蔽障，妳們自己創造了目前的我執狀態，以及相隨的痛苦。妳必須明白妳的痛苦不過是源於自己的迷妄。

「現在，忿怒瑪姆們，不要迷妄了！妳自心的本性即爲佛，不要受此迷妄而污衊自己是佛的本性。忿怒瑪姆們，切莫不由自主地貪著執取這個顯相的幻現；忿怒瑪姆們，不要執持概念心所取爲實。這個二元執取與依戀的習性循環必不可再持續。哦，忿怒瑪姆們，讓它崩塌；

①一種食肉的女性靈體。

哦，忿怒瑪姆們，成就五了義的無二境界，也就是自生覺性之本具清淨的本初智慧。哦，忿怒瑪姆們，為了從這無盡輪迴之海中解脫，妳必須應用對治以及善巧方便；哦，忿怒瑪姆們，認清自心的本性無非是本然的本初佛。明白此，觀察妳的自心，哦，忿怒空行們！直接展露妳過往未能見到的法身本性。哦，忿怒瑪姆們，成就四身的究竟境界！」

她如是說完後，所有的瑪姆們都得以解脫。然後，她的化身們融回她的自心，瑪姆們變成她的忠實侍從。她們集結了一百零八部口傳續法，將其濃縮為伏藏文本的祕密符號手稿。那時，食人瑪姆們供奉一個羅剎犀牛皮的貯器，所有的夜叉鬼魔們供奉標記為「恰」（ksha）的貯器，其統治者們供奉一個石製貯器。伏藏文卷被安放在每一個貯器內，開啓處被審慎地封印。這些容器被託付給瑪姆，她們拿到後將其隱藏在一個佛塔的塔瓶中。

接著，空行母坐在名為「辛哈瓦納」屍陀林的塔拉樹影內，七十二個惡靈頭目前來試探她的證量。他們施展魔力，曼達拉娃就從手掌中化出白、黃、紅、綠色的甘露，甘露流向十方迎請十尊空行母，空行母們全部融入曼達拉娃之身。然後，從她體內化現出具有無數幻顯與手執法器的十忿怒尊，忿怒尊將惡靈頭目們綁縛在誓言之下。另有光芒放出顯現無量神蹟，使得惡靈頭目受到鎮懾而不得不交出其命藏。

那時，所有的吉祥護法都得到曼達拉娃的直指教導，護法喀喇羅剎供奉一個珠寶貯器，所有的教導都被置於那個容器內，然後封印並消融於浩瀚虛空中。之後，每一個曾是惡靈頭目者都變成密咒教法的守護者。然後，曼達拉娃會見鄔迪亞納的珍貴上師，報告一切發生之事。上師感到非常高興，告訴她：「妳現在必須盡快前去寇塔畢拉國，用誓言綑縛巨大魔障班札比納卡及其從眾。該是妳展現所有神聖功德的時候了。」

她立即出發前往寇塔畢拉，在那裡，她坐在一棵迦摩縷波樹下，接著她顯現金剛界壇城，壇城外圍是各個九乘教法的壇城，內壇城是四部與六部密續的展現，密壇城是大樂界宮殿的顯現。她修行十七個月後，整個本尊壇城眞實完整顯現，細節清晰。

那時，強大的魔障班札比納卡以及他的八千魔障眷屬一起開始用黑法對本尊智慧壇城開戰，突然間，沙石塵土如雹暴般降下，令人毛骨悚然的持續哭嚎尖叫聲充滿空中。一陣猛烈的沙塵暴不知從何處生起，造成大地震動且日夜循環紊亂。隕石、冰雹、閃電、龍雷大量降臨。夜晚，烈火將山岳燒成灰燼；白晝，不祥之雲遮蔽太陽。殘暴的「殺，殺！」與「打，打！」喊叫聲響起。各種怪物開始出現，有些看來是動人的年輕男女，有些是表情凶猛的衰老暴徒，有些頭與身體不合，全都囈語著難懂歪曲的詞語。接著，騎著老虎、花豹、灰熊及猿猴的魔鬼接近，火與煙從它們的口鼻中冒出，其數量如此龐大，以致於下方的大地都爲之震動。

空行母曼達拉娃全力展現神力，吸引魔障，並且預示它們的未來。她轉變爲一個百頭千臂的完美高大女王，各個毛孔冒著火焰，手臂持著各種武器，頭髮上豎指向天界眾生，穿著屍陀林的衣飾。當她的百足重跺地面時，其下的整個世界爲之震動。她燃起本初智慧壇城之火。

突然間，她唱出這首無畏之歌：「吽！吽！吽！吣喔！吣喔！吣喔！我是三有世間❶的熾燃空行母，我將用炙烈燃燒的金剛劍將汝等邪魔斬成碎片。我在世界的力量是無限且廣大如天。我的各個姿勢都能推動海洋的波浪。我的力量支配所有世界以及其外的一切寂靜者，其餘一切我都將用雙掌壓碎。現在，汝等如鷹之惡魔邪穢，準備迎接你們毀滅的時刻！嚅嚕！嚅嚕！吽！吽！吣喔！吣喔！吣喔！吣喔！」然後她將足尖置於周圍大小山頂，將它們壓成塵埃。

在極度恐懼下，魔障昏倒並失去意識。當它們醒來時，謙卑的獻出自己的命藏：「嗟瑪！本初智慧空行母，請您諦聽！從不復記憶以來，由於我們缺乏覺知的迷妄業力，帶給眾生的只有傷害，我們甚至曾反抗諸佛之佛母的您。您的身形從禪定中生起，是忿怒悲心的無上顯現。現在，由於恐懼，我們對您獻上自己的生命。」

接著，魔障依言獻出自己的命藏，發誓：「特力 特力 哦 吶 瑪 啦 喀 杜 吶」（Tri tri o na ma ra ka du na），此爲供養其身的誓言；「尼力 特力 呀 瑪 嗶 吶 呀 喀 吨 咋」（Nri tri ya ma bi na ya ka dun dza），此爲供養其語之精華的心咒誓言；以及「特力 母 它 呀 咕 咿 嘻 吨 尼克」（Tri mu ta ya gu yi he tun nik），此爲供養其心之精華的誓言。如此，魔障忠誠地發誓往後將永遠保護法教，並且發誓永遠不存心傷害任何眾生之心。然後，魔障全都開始禪修利他之心——菩提心。

在那個時候，她顯現爲曼達拉娃的寂靜相。如同神聖佛法加持的大浪，她教授了超過七百種直指教導以調伏魔障的心。這些教導被濃縮成符號手卷，交給看守教法的忿怒空行保管，封存在一個犀牛皮盒內。

然後，曼達拉娃與上師見面，告訴他所發生的一切。上師給予她另外一百種直指教導，以便埋藏在偉大的崗仁波齊峰❷。曼達拉娃以神行術在七天內抵達西藏的聖山崗仁波齊峰。當她到達時，當地的鬼怪、龍族、幽靈施展無數魔幻騙局，她就化現爲空行母鄔瑪．德薇（Uma Devi）與山的守護者瑪哈德瓦②進行雙運，她賜予他祕密灌頂而將他繫於誓言下。她給予山神一百零八個伏藏後，便前往尼泊爾國。有七天的時間，她待在稱作「阿修羅」的山洞裡，遇見了八個尼泊爾人，其中一名年輕、穿戴許多珠寶飾品的尼泊爾女子對空行母流露出極大的

---

❶三有世間是指國土世間、眾生世間、五陰世間（色受想行識）。

❷崗仁波齊峰（Mount Kailash）古譯「結辣薩」，即岡底斯山，為藏地神山之一。

②Mahadeva 藏文是拉千（藏文拼音 *lha chen*，大天），或稱濕婆（Shiva）。

虔敬，說自己從未見過空行母：「哦，空行母，您從哪裡來？雙親的姓名爲何？跟隨學習的大師尊姓大名？家族的階級與血統爲何？爲何於此時來到這裡？我請求您滿足我，回答我的問題。」

「這是個過去曾累積大福德的人，」曼達拉娃心想，「她類同蓮花部之女，天神的姐妹。」曼達拉娃無所不知地了解這個女子的生命即將結束，並且在未來將轉生爲利益眾生的空行母。曼達拉娃由喉間自然唱出這首大梵天之歌：

「嗟！哦，尼泊爾國的高貴女子！我的家族階級是沙霍的王家。我的父親之名是畢哈拉達拉國王，我的母親是汪嫫·歐給瑪。我是曼達拉娃公主。我的精神導師是鄔迪亞納國的蓮花生上師。我追尋的是佛法九乘之道。我的居處不定，從一個屍陀林流浪至另一個。我無意要一個增長迷妄的丈夫，我的兒子是大樂的本初智慧之子，我沒有虛幻的僕侍或追隨者。我的護法是世界上的空行母與瑪姆們。我來到此地是爲了封藏金剛上師所賜關於密咒精要的珍貴祕密教授，我將它們做爲供養而帶來。三年之後，女子，妳將死亡，投胎爲尼泊爾王的王后，名字將是釋迦天女，妳將遇見偉大的上師蓮花生，成爲適合接受密咒教授的容器，然後妳將封藏許多深奧伏藏文本，利益西藏地方的紅臉人民。」然後，曼達拉娃與八個尼泊爾人到村莊裡說明她的來歷。

王國裡的所有人都聚在一起，看看空行母是否爲眞。一位苦行老者對她說：「女孩，妳是一直依止一位靈性大師的人。我想知道，妳曾接受過哪些深奧的傳授？妳是否花時間成就其中任何一個傳授？妳有哪些可以表明妳持有這些傳授的徵象？也許妳其實是來這裡找個丈夫的？」他質問這些問題時，以凶猛的表情瞪視她。

空行母回答說：「嗟！聽著！我是清淨覺性的持有者。我的階級與血統甚至比上師的更爲高貴。我不是來這裡跟像你這般的任何人進行比試的。爲了改變你的邪見，我將稍稍顯露自己。」

曼達拉娃升至空中，身體燦然發光，明亮得如陽光一般。從她口中，法音自然出現。「吽！啥！蓮花生大師，無上恩慈至尊，生於湖中，離於執著，尊爲三世諸佛之代表。請即垂鑑此曼達拉娃女！爲了淨化世俗煩惱的歪曲見地，請以您的悲心護佑我。我無上的心是普賢王佛母本來清淨的本初覺性。我對三世生死了無恐懼，我已證得極喜的大樂報身境界，不爲執取所垢，也不住於輪迴。我知曉如何經由開啓無執的調伏法門，來無礙利益眾生。由於我是帶來永恆大樂的全然清淨密咒之守護者，那些仍受輪迴陷阱所攫並希求解脫者，將成爲我的追隨者。」

如此宣說後，她彈指一下，年老苦行者就昏了過去。尼泊爾的所有人民皆感到極大的虔信，向她行禮。他們恭敬地請求她教授佛法，因此她唱了這首關於斬斷輪迴執著之歌：「嗟！尼泊爾的男女們，聽著！這個世俗存在的痛苦是不會耗盡的。任何可能的快樂都像是蜜蜂採集的蜜。執著於輪迴就像是毒藥，即使是不自覺地，一旦吃了就會毀滅自己。業的習性就像長期監禁的宣判，假如一個人不留心而落入此境況，就會喪失解脫的機會。若有所執取，暫時的歡愉是騙人的，從消失的那一刻起，痛苦就來了。與輪迴友伴糾纏就像與劊子手會面，因爲最終都會被帶往投生下三道。財富與資產就像餓鬼所迷戀之物，在這個世界的奔忙中汲汲營營並不會有自由，這就像是慢慢把自己打死。繼續執著此生，將會導致哀傷，因爲你仍是自己各種缺失的奴隸。現在就擁抱無上之道！要以三寶爲你皈依的對象。你對聖法的信仰將帶給你在此生以及所有來生的快樂。我，曼達拉娃是如此修行的。假如你們是有福的弟子，你們將會依言精進。」他們全都爲這些話語感到歡喜。

然後，曼達拉娃以神行術前往恐怖的倉倉屍陀林。她在那裡的巴布拉瑪利森林洞穴裡待了一週。住在這個屍陀林裡的所有鬼怪都展現了許多擾人化現，要使她感到不安。空行母展示了她的功力，化現爲獅面空行母，將所有惡靈鬼怪都以護法誓言綁縛。

然後她前往奔達國，抵達貝瑪瓦那區域。這其實是一個充滿叫做庫里的嗜血屠夫之城，他們宰殺數千生靈就是爲了吃。爲了對這些屠夫們展現正道，空行母到十字路口坐下，讓自己看起來像個流浪者。許多屠夫聚集在她身旁，談論這乞丐女孩是多麼美麗，而且好奇是不是能跟她交合。曼達拉娃說：「我對這個世界的普通愛人毫無慾望，特別是住在這裡的屠夫，你們之中的誰都不可能。在這個世界，沒有比生命本身更值得珍惜的，然而在這個惡魔之地卻有不必要的殺戮和死亡！你們這些邪惡肉食者，只配娶到陰森墳場的鬼怪爲妻！」

對她的回答，食人者們感到極端受辱，他們喊著：「殺了她！」有些人試著打她，想要結束她的生命。威脅假如不讓他們強姦，就要砍掉她的手腳。當他們抓住她時，曼達拉娃突然化現爲一忿怒空行母，她的顯現是如此的巨大，以致頭頂遠遠伸到天空中。她的身體化出六尊空行母，高呼勝利的吶喊，聲明她們將解脫所有的屠夫。接著，國內所有的人都聚集在四周，開始對空行母敬禮，並答應要做到她所吩咐的所有事情。她告訴他們要停止殺生，之後，他們全都棄絕原本的惡行，進入佛法之道。空行母在此轉法輪三個月，他們皆因佛陀教法之道而獲致解脫。

接著，曼達拉娃前往叫做卡林嘎的國家，在那裡與金剛上師見面，接受「精要祕密要訣」的直指教導。他說：「曼達拉娃，現在妳必須前往東方的沙霍國，那裡仍然有需要度化者。妳必須給予他們佛法之禮以滿足他們的需要。」

曼達拉娃接著到奔嘎。當她接近此王國時，經過一個叫做西拉納的城市，在那裡遇見一對老夫婦，丈夫是個工匠，兒子名爲沙瓦卡拉，女兒名爲普拉芭薩埵。這兩子女注視空行母很長的時間，然後他們以頭部虔敬頂禮她的雙足，請她爲他們指出道途，表示他們在此之前無福遇見她。

曼達拉娃說：「名爲沙瓦卡拉之子，聽我所將要說的關於你之事。從前在達瑪如王國，我是名爲貝瑪婕的王后，那時，你的父親是夜叉阿難達帕拉，你成爲國王辛塔·布多，被迫殺死許多食人者，因而多世投生卑微，包括這一世。現在，改變這個情況的時候到了。名爲普拉芭薩埵的女孩，妳過去是達瑪如名爲卡拉的王后。這就是爲何你們兩人都對我感到如此強烈敬重的原因。現在，我將對你們揭示密咒的教授。」

他們接受密咒灌頂與教授後，獲得解脫。三個月內，他們成就虹光身。「現在，」曼達拉娃說，「我應當再去見一次我的父母。」到達沙霍時，所有外內大臣及其從眾都在閉關禪修，並未聽到曼達拉娃抵達的消息。經過一段時間，曼達拉娃見到工匠的女兒，工匠的女兒是如此高興見到曼達拉娃，抱著曼達拉娃的雙腿大喊公主來臨的消息。一個接著一個的，王國所有的人開始抵達，直到全國集聚。當國王與王后加入大家時，所有人都充滿喜悅。

曼達拉娃對父母禮拜，他們也以禮拜回敬她。接著，空行母爲他們的福祉展現證悟神蹟，她打開自己的胸膛，顯示整個心間壇城給他們看，有眾多身形明晰的長壽本尊。每一個人都在虔敬中感到驚歎與震撼。有一年的時間，她不斷地轉法輪。在那期間，她的父母——國王與王后，都證得虹光身，大臣楚巴融入國王的心間，整個沙霍王國得致解脫。

三昧耶

稱作《珍貴寶鬘》的
《沙霍公主曼達拉娃的生世與解脫》
之第三十四章，
說明曼達拉娃如何在八個國家展現八大神蹟調伏眾生，
因而使得人類與鬼靈皆被置於佛法之道上，
至此圓滿。

35 於鄔迪亞納國轉法輪

一段時間後，曼達拉娃來到名爲蘇巴卡拉．謝卡拉的大佛塔前。偉大金剛上師正居住在那裡，她愉快地在上師跟前。他展現了無死壽命的壇城，並且賜予灌頂給八位偉大上師。

其後，上師與明妃一道前往鄔迪亞納國，在那裡，曼達拉娃將自身化現爲貓面者。當鄔迪亞納的居民聽到金剛上師回來的消息，許多人充滿信心與虔誠，有些人卻開始謀劃對上師不利。在未告知國王與王后的情況下，邪惡的大臣普拉卡拉將上師與明妃送走，準備燒死他們。

那時，公主普拉芭達拉對曼達拉娃感到嫉妒，她告訴父母說，過去總是獨自一人的上師找了個乞丐女孩，還帶著她來到國內，並說大臣們已下令要燒死他們。國王與王后覺得有必要調查這件事情，便前往查看，結果發現火完全沒有燒到上師與明妃。

接著，上師與明妃展現將火變成湖的奇蹟。國王、王后、公主普拉芭達拉，以及全國上下都表露出他們的巨大信心，做了許多大禮拜。父親因札部提國王在虔敬中禮拜，讚頌道：

「啥！無爲離作法身上師尊，大樂報身法主上師尊，蓮花所生化身上師尊，三身上師金剛持前禮。」然後國王向上師與明妃行九次頂禮，且親自供香引行，請他們坐上法座，並請賜佛法教導。上師回答：

「嗟！因札部提珍寶王！爲了回報您過去的恩慈，我於此時獻上佛法之禮。爲了清除公主普拉芭達拉心中的痛苦，空行母曼達拉娃將教授佛法。我必須前往八個屍陀林展現成就，並以聖法調伏許多王國。這位空行母與我在瑪拉帝卡長壽巖洞內一起證得無死成就，她是長壽的清淨覺性持有者。之後我們一同前往寇塔拉國，在兩千多年間，逐步調伏無數眾生的心——完全是爲了利他而行。現在，於此鄔迪亞納國中，有許多心未調伏者，密咒之法將帶領他們得到解脫。」

說完這些話後，他詳盡揭示深奧的密咒予國王、王后與其所有臣民。然後他將普拉芭達拉收爲明妃，賜予她至高的雙運密灌。曼達拉娃集結所有女性，日以繼夜地教導她們六部續法。他們建立修行戒律，且全都逐一獲得解脫。因札部提王與五百眷屬證得無餘虹光身，達到完全證悟。最終，整個王國皆證得虹光身，鄔迪亞納國上下盡皆成空。

三昧耶

稱作《珍貴寶鬘》的

《沙霍公主曼達拉娃的生世與解脫》

之第三十五章，

說明曼達拉娃如何在鄔迪亞納轉法輪，

並帶領那裡的每一個居民得致證悟，

至此圓滿。

36 於香巴拉轉法輪

之後，空行母前往阿南達卡拉國，在那裡與偉大金剛上師見面，並尊敬地祈請：「啥！哦，從蓮花所生的無垢化身佛！法身佛證悟界之無二無別者，報身之自然顯現，在您足下，哦，大恩金剛上師，我頂禮！我的家系是最高的沙霍種姓。由於過去世的殊勝緣起，我從輪迴的恐懼中得到解脫；做爲具有善緣之人，我得以與聖法相遇；經由過往祈禱之力，我以上師爲頂嚴；由於我極有福報，而得以遇見您，鄔金尊者。做爲合適的器皿，我已領受密咒的九部甚深教法；經由我的不屈不撓，我已獲得兩種修行成就。現在我具有無垢化身的力量。您前往調伏西藏與尼泊爾兩國的時刻已經來臨；我消融至究竟實相之無垢虛空中的時刻已經來臨。爲了弘揚密咒事業，我當於其時再次放出無量化身。現今是我必須融入虹光身的時刻了。」

上師回答：「嗟！本初空行母曼達拉娃，聽著！在大樂淨土中，妳是無上明妃白衣佛母；在普陀淨土中，妳是無上納姸止；在遮末羅帝帕，妳以婀門．卡嫫聞名；在印度，妳以天女師利瑪拉聞名；在沙霍，妳是曼達拉娃公主。如妳這般的菩薩極爲少見。妳必須再次完成利他之行，現在需要調伏香巴拉界的眾生之心。具大力的妳，請現在前去那裡施展證悟事業。妳將在其處轉法十五年。」

於是，空行母旅行至香巴拉。在那個有二十五洲的世界中，東邊的區域名爲巴塔納，國王的名字是布提納拉，他與數百名臣眾前來見她。當空行母想渡帝汝河時，略有困難，就突然如鳥般飛起過河。國王與臣民接近她：「嗟！如同天神之女的年輕女子，由於妳如鳥般飛翔，妳具有毫無障礙的神妙能力。妳的美麗驚艷而令人無法直視，具足所有的諸相隨好。請告訴我們妳父母的種姓，以及妳是從何而來。請毫不隱瞞地告訴我們一切。」

空行母給予他們這個回答：「嗟！聽好。哦，國王眾等。我來自無上的奔嘎地方，種姓屬於蓮花部空行母，我的家系屬於沙霍，名字是曼達拉娃公主。我是鄔迪亞納偉大上師的佛母，來此是爲了調伏眾生。哦，國王眾等，你們覺得自己是否具有足夠的信心？若你們是合適的器皿，我願意教導你們佛法。」

國王與其眾聽了她的話後，生起信心。他們非常虔敬地禮拜，謙卑地做了這個請求：「嗟！哦，偉大的空行母，請聽我們所要說的。我們執著於有界，生命被耗費在追尋輪迴惑業中，我們當中只有極少的人能在此生之後得遇佛法。只有尊聖之母您知道我們是否爲合適的器皿，請以聖法的甘露滿足我們。」曼達拉娃前去他們的王宮。她爲整個王國建立了基於善德的律法。建造了九層宮殿後，她開始傳授密咒之法。國王、大臣及侍從們全都獲得解脫。

然後她旅行至東南方的洲，到一個名爲曼達納的城市，她留在靠近城門處。在那裡，她注意到許多有情眾生遭到懲罰傷害。曼達拉娃知道，解脫他們的時候到了。空行母拾起一具人屍，當她飛到空中時，屍體恢復人色，開始呼吸，並且活了過來。所有目擊者都感到不可思議，一傳十、十傳百，最後整個王國都聽說這個神蹟。他們全都順利安置於法道上。

接著，曼達拉娃前往南方的洲，她在那裡見到許多士兵在打仗。她唸誦字母「吽」「呸」，使得所有死亡的士兵們被轉成虹光身，所有的武器變成花朵。士兵的心裡充滿虔敬，爭端自然止息。她轉了三年的法輪。

接著，空行母前往東南方一處名爲勾提帕的大城市。王國中所有的人都染上痲瘋病，每個人都感到巨大的痛苦。空行母用自己的尿液給他們敷塗，他們全都馬上痊癒。王國中的每個人都充滿信心，所有疫疾皆迅速平息，從此她以「解脫疾病的空行母」而聞名。經由佛法之禮讓他們滿足後，她離開前去西方的大陸。

曼達拉娃到達稱作卡塔納的城市後，發現所有人都在非議她，他們說像她這樣的年輕女孩應該要有一個丈夫伴隨。空行母就送出許多身體的化身，跟那裡的每個人行雙運，經由賜予祕密灌，她將所有人以虹光身解脫。藉由雙運方便這單一法門，她將王子以及王國內所有男性居民全都安置在解脫道上；此外，她將所有女性皆安置在法道上。

之後，空行母前往西北方的洲。當她接近凱瑪立城，讓大家都能看到她時，她飛到空中唱了這首歌：「噯瑪！我是證悟的體現，化現在這個世界。如同太陽，我來自至高的層級，而我的母親如同月亮。這個女孩能在空中行走，無需懼怕墜落。我是諸佛以公主形象的化現。我的伴侶是大樂之喜悅體現。我是展現點燃奧妙熱能之舞的女孩。我對妄念之執了無恐懼。我，曼達拉娃是三世眾本尊之明妃。法身本初界的本性顯現爲我的許多神奇化現。我並不怕爲這香巴拉北方王國的具信弟子們轉動法輪。爲了度化大威力的國王以及具聲名的大臣們，我將轉動法輪，傳授了悟與解脫的平等捨。我對邪見之心毫不懼怕。」如此說完後，他們全都充滿信心，接著她就轉法輪。

然後，她繼續前往北方的洲。國王見到她前來，便召集大臣們說道：「嗟！哦，大臣們，趕快去王宮外面，你們將會看到一名年輕女子前來。她看來有潛力成爲此王國的王后。你們必須檢視她的特質，將她帶到我這裡！」五名大臣前去面見空行母，他們說：「女孩，妳從哪裡來？爲何來此？妳想成爲我們國王的王后嗎？」

她回答說：「我並非希冀留在輪迴的女孩。雖然國王可能是卓越的，但他卻在這存有之界積聚惡業；雖然大臣們可能是卓越的，但他們就像地獄的使者。雖然有許多眷屬，但他們就像魔眾。雖然一個人可能有豐厚的財產，它們就像餓鬼所渴望之物，永遠無法令人心滿意足。我行走在法道上，沒有時間當個王后。」

大臣們稟報國王，國王對她的回答相當生氣：「她侮辱了卿等大臣以及我的臣民。讓我們把這愚鈍的流浪者在火柱上燒死！」大臣們抓住曼達拉娃，將她用麻繩緊緊綁住，然後丟在檀木與芝麻油的柴堆上。驟然間，降下一陣淨化的聖雨，連同八個階級的神鬼等一起。在火的正中央出現一個巨大的甘露漩湖，在湖的中心是一朵大蓮花，花蕊上端坐著閃耀光芒的曼達拉娃，繩索鏈條已經變成她的珠寶莊嚴。煙塵則變成充滿彩虹的雲朵，甜美薰香的芬芳彌漫各處。天神的樂器聲從雲端響起，香巴拉國的每個人都能清楚聽到。大臣與他們的眷屬們迅速前來，所見到的是如此令人震驚，因此紛紛迅速跑去告訴國王，說天神與龍眾們正在向空行母獻供。國王與所有大臣都深感慚愧與後悔。

接著，龍族之王難陀供奉如下的讚頌：「啥！在極樂世界，您名為白衣佛母。在這個世界，您化現為國王之女。您是偉大鄔金上師之明妃。對此女菩薩之身形，我獻上讚頌！」接著，國王與大臣們懺悔他們的惡行。對於空行母神妙力量的消息，香巴拉的十三王國皆感到震驚，他們全都對她產生強大的信心，並向她請求教導。

國王邀請曼達拉娃至王宮，當她到達時，他獻上這個祈請：「神奇的本初智慧空行母菩薩，諸佛唯一之母！我們受無知與貪慾所遮蔽，犯下如此嚴重的惡劣錯誤。我們試圖傷害您寶貴的身體；雖未成功，但我們竟然試圖將您活活燒死。您展現了本初智慧空行母的神妙行跡，安住在湖中的蓮花上，受眾神、龍族、世間之人所讚頌。我們悔恨地懺悔我們的過錯，並乞求您的寬恕。請賜予我們珍貴的甚深佛法！」

在這個請求下，空行母原諒他們，並召集整個王國，為所有人轉法輪。他們精進修持了五年，香巴拉的七十萬居民證得無餘痕跡的虹光身。然後佛母前往星哈拉國與居住在那裡的上師會合。

三昧耶

稱作《珍貴寶鬘》的

《沙霍公主曼達拉娃的生世與解脫》

之第三十六章，

說明她如何在香巴拉大小三十二地轉法輪，

使一百三十萬名有福弟子眾得虹光身解脫，至此圓滿。

37 成爲智慧空行母

曼達拉娃尊敬地向偉大金剛上師行禮，並做出如下請求：「嗟！無比恩慈的三世諸佛之證悟體現！哦，尊主，您自生於蓮花中，不受母胎染垢，您的證悟事業如虛空般無盡。哦，蓮花生上師，請以慈悲護持我！願我們在此生與所有來世永不分離！

「現在我消融入無垢法身的時刻已經來臨。於三身眞實自性中得證之怙主，請爲我指出道路並從旁護持我。由於我已從生死循環的痛苦中解脫，不需依循讓人筋疲力盡的業習積累。爲了眾生的利益，我已特意展示了化現神蹟。經由我的願力，我具有視其根器來調伏眾生的神力。我安住在明性淨光的解脫中，免於造成一般死亡的疾病。我不需忍受中陰，而直接行至淨土。儘管如此，直到諸佛事業已畢，願我利益眾生的努力持續不斷。」

然後，珍貴上師回答說：「嗟！尊貴之母，智慧空行母曼達拉娃！無上空行母，妳是垂視這世界的珍貴之眼！妳已自然圓滿諸佛的五個淨土①，妳殊勝的法身之心，離於生死。哦，空行母，妳的本性猶如虛空，免於來去、收放的限制，妳超越言詮的本性是具有六十支悅音的本然報身語。空行母，妳具有任運融入大樂廣空之身形，免於住世、寂滅、轉生之需。如同消逝空中的一朵雲彩，生死循環對妳來說是陌生的。妳的殊勝形體展現幻舞，其本性如同水中月影。無有前往、停住、離開的性質，爲調伏眾生之心，妳的化現貫穿三時，端視最需要的方式爲何。哦，爲化現而生、離於和合緣聚之女，妳特意選擇自己的投生處！身爲阿彌陀佛的殊勝佛母，天女，妳的舞蹈令眾生感到滿足。具神力能化現無數神聖功德的天女，儘管妳現在的化身融入實相界，妳將持續顯露爲數眾多的各個顯現，爲應所度眾生之需而化現。無人確知妳能力的大小或限度。在所有劫的時間中，尊貴之母，願我與妳永不分離！」說完後，上師在龍月的第十日啓程前往印度孛撒國最高的山峰。

曼達拉娃對聚集的無數所在弟子給予修行傳授，然後告知他們如下的勸言：「嗟！哦，具有俗世之虛幻本性的清淨友人們，任何人想在這個凡俗世界中永久留存都是不可能的。無論你有何疑惑，請現在請教我，因我爲利益眾生而留住此處的時間已然到達盡頭。」

她的許多弟子提出各自的問題，並相應接受完整教導，直到他們完全滿意爲止。然後，一

①五淨土是五佛部的淨土，分別是中央密嚴淨土、東方妙喜淨土、南方具德淨土、西方極樂淨土、北方勝業淨土。

個來自沙霍的女孩上前，尊敬地做出如下請求：「噯瑪！天神之女，眾生之導！融入實相界而不留在我們之中做爲眾生的保護者，您證悟的覺性會如何考量？您眞能就這樣留下無依怙的我們在此處嗎？如我們心一般珍貴的智慧空行母，您怎能不留下教導您的弟子聖法呢？您現在怎能想要融入超越悲傷之地？您的慈悲怎能遺棄那些心意軟弱、充滿惡業者？尊貴之母，空行母曼達拉娃，若您現在不留下爲眾生指引道路，反而到大樂之處，在那裡，您能成就什麼呢？您眞的能留下我們無目可視者在這個黑暗地方嗎？對我自己以及一切眾生來說，您是唯一的母親，唯一的上師！您怎能不在此艱難時刻留在我們這裡？您怎能考慮融入實相界？您怎能如母親離開獨子般的離開我們？哦，明妃空行母，佛陀教法的明燈，您怎能考慮融入大樂的淨土，而非留在此處以您的證悟事業來持守闡明與成就的教法？將有誰能領導眾生在道上，遠離這黑暗之地？唉，唉！哦，母親，請留下來跟我們在一起！」

女孩的話使得在場所有人都開始嚎啕大哭，這使得空行母說：「聽我說，具信弟子眾們！在這世界上，無人是永恆的。雖然彩虹在空中的顯現是清晰不動的，卻會在一瞬間消逝。即使一個如我的女孩現在看來年輕且充滿生命力，當我要去別處幫助眾生的時刻到來，我是無力停駐的。雖然夏日的花朵盛放著閃耀光彩，只要季節改變，此美景即刻迅速消逝。即使這個女孩的健康和能量不可測，當要幫助他人時，她無法控制自己的離去。雖然國王可能在世上擁有最高權力，這樣的權力狀態不過是暫時的——沒有任何事物能免於無常的狀況。雖然沙霍公主曼達拉娃投生於高層階級，她仍需在某時爲了利益眾生而前往另一個世界。即使是圓滿佛陀具足諸相隨好的金剛身，爲了教化眾生的目的而顯現，也必須融入超越悲傷之處。雖然公主已爲他人利益展現了許多行誼，她現在無法留下，因她必須爲他人利益而繼續前行。哦，弟子們，聽從這些話，思考這些精要教導的意義！」

說完後，曼達拉娃的身體變成一團旋光，整個天空充滿了微微發光的虹彩。大地震動六次，雲團間清晰聽見樂音。眾多的彩色花朵如狂雨般落下。天神鬼靈無一例外的尊敬頂禮。許多人提出問題，得到的答案都是以他們自己國家的語言所回覆。

接著，空行母的身形猶如箭般迅速飛入空中，並再次清楚聽聞她的聲音：「聽著，我聚集在這裡的虔誠弟子們！將我最後的遺言牢記心中。絕對不要浪費這個寶貴人身，用佛法擦亮它，將它視爲圓滿一切願望的眞正泉源而珍惜！不要懶惰、不可漠然、也莫執取事物爲永恆！不要浪費時光！訓練你的心，成就佛法！總是思考何者該取、何者該拒，不要分不清善惡。在法上精進，你將會尋得永久的大樂！

「這個輪迴處所猶如地牢，要恆時思維讓自己自由與解脫的最佳之道。我們所皈依的珍貴三寶是無欺的，緊守著這確實可靠的皈依，成就宏大的目標。必須懺悔、淨化任何你自無始以來所累積的不淨犯墮惡行，永不再犯，直至惡業竭盡。福德的珍貴累積是所有神聖品質的基礎。將此牢記心中，你將會迅速圓滿所有佛果的特質！

「你必須將珍貴金剛上師的大恩記於心中，直到獲得無量共與不共的修行成就。緊守立斷法（且卻，頓法）之明光教法的要理，明瞭內心投射的虛幻本性，直至圓滿道上各個次第。不斷禪修空性與悲心，具足能力而可圓滿利益他人的偉大目標。假如此心從不誤解究竟的見地，便可輕易無礙地達至證悟境地。

「哦，弟子們，持有這些直指教導，就如同你母親心中的滿願寶一般，確信兩種目標皆能任運成就。沙霍的這個公主曼達拉娃已覓得無垢之身，離於生死，即使是最微細的死亡痛苦也毋需經歷！在本然清淨的本初淨空廣袤中，曼達拉娃之心安住於其本然休憩處。在無生法身的本然淨空之基中，公主融入無念的無礙本性中。在與本初怙主普賢王如來的雙運中，曼達拉娃住於喜悅大樂的廣袤中。

「我的顯現如同虛空，全然無有來、去、生、死、常、斷。同樣的，直至此輪迴空盡，我的神妙化現將會超越任何思量。

「所有眾生之心本自明空，它們留住於空性的本性中，與曼達拉娃從不分離。做為五種本初智慧的清淨顯現，心的本性在無二大樂中從未與曼達拉娃分離。對具信者而言，諸顯相以曼達拉娃的無礙自性而住。曼達拉娃的智慧從未與不變三身的善巧顯現分離。當你安住於眞實自性的平等定時，我，曼達拉娃佛母，將出現在你的密記淨觀中。向我祈禱，你將見到自己的眞實面目！」

曼達拉娃說完後，兩朵烏巴拉花，一白一紅，從她的心中以光的形式放出，射至西藏與尼泊爾兩國。她的身體逐漸變得不可見，然後現爲一團細微的光團，充滿整個天空。曼達拉娃前往名爲華嚴的色究竟天淨土（奧明天）後，現爲本初智慧之無上祕密佛母的證悟體現。在那個時候，有九百名虔敬淨覺追隨者同時消融入虹光身，無留一絲痕跡。

三昧耶

稱作《珍貴寶鬘》的
《沙霍公主曼達拉娃的生世與解脫》
之第三十七章，
說明她如何圓滿利益眾生、他們如何獲致完全的虹光身解脫，以及她如何消逝至極樂淨土生起爲祕密的本初智慧空行母，至此圓滿。

38 曼達拉娃化身祈願文

空行母伊喜．措嘉虔敬禮拜且供養曼達，表達對上師的甚深感激。她向至尊鄔金上師祈請說：「嗟！蓮花生上師，鄔迪亞納之王儲！在藏文爲斯瓦澤的寒林墳場與八大屍陀林，您以八種化現①顯現自己。現在您居於西藏之國轉法輪，在您的大恩慈下，您已給予無數關於密咒教法的偉大寶藏之教導。空行母之上首我，向您——鄔金尊主——行禮！對於您給予我們《首要空行母曼達拉娃的生世與解脫》的完整教導，我們表示感激。爲了我們聚集於此者以及未來世

①蓮師的八種化現（蓮師八變）：中央主尊為海生金剛上師（Lake-Born Vajra Guru；Guru Tsokye Dorje，咕嚕措耶多傑），其一為鄔迪亞納金剛持上師（Vajra Holder Guru of Uddiyana；Guru Orgyan Dorje Chang，咕嚕鄔金多傑羌），其二為蓮花生上師（又名「經教士蓮師」，Guru Lotus-Born；Guru Padmasambhava，咕嚕貝瑪桑巴哇），其三為蓮花王上師（Guru Lotus King；Guru Padma Gyalpo，咕嚕貝瑪嘉波），其四為釋迦獅子上師（Guru Lion of the Shakyas；Guru Shakya Senge，咕嚕釋迦森給），其五為日光上師（Guru Light Rays of the Sun；Guru Nyima Özer，咕嚕尼瑪歐瑟），其六為愛慧上師（Guru Endowed with Supreme Intelligence，或譯為「無上智上師」；Guru Lodan Chogse，咕嚕洛登卻些），其七為獅子吼上師（Guru Lion's Roar；Guru Senge Dradrog，咕嚕森給札卓），其八為怖畏金剛上師（Guru Vajra Wrath；Guru Dorje Trolö，咕嚕多傑綽羅）。

世代代的利益，我懇求您賜予我們關於曼達拉娃證悟行誼的簡短版本，以便容易閱讀，且能激發信心。請為了我們的福祉，賜說一些深奧之語，讓我們能清淨二障並領受加持與修行成就。我懇求您現在再次慈悲為我們宣說！」

上師對她的請求感到極為愉悅，說道：「聽著，我將告訴妳。」他開示道：「任何持誦此祈請文者，應當在黎明破曉之時，跪姿、合掌，以由衷虔敬之心誦讀。」然後珍貴上師唱道：

嗳瑪吙！

前於過往千明光劫中，
因陀羅德瓦女白衣母，
捨棄輪迴修道證佛果。
曼達拉娃足前我頂禮！

後於名為寶覆之劫中，
神聖種姓納妍止公主，

安立日藏、全國於法道。
曼達拉娃足前我頂禮！

拘那含牟尼佛光明劫，
三世諸佛加持而自顯，
化身於五大洲以度眾。
曼達拉娃足前我頂禮！

生爲梵天王后之女兒，
公主以歐瑟．楠堅聞名，
印度卡尼卡國安於道。
曼達拉娃足前我頂禮！

達瑪如國由聖眾加持，
蓮花出生馬頭明王助，

靜忿方便置國於善道，
曼達拉娃足前我頂禮！

康卡莉與帝釋天居處，
當巴佛之母伏修羅眾，
調伏全國向道名聲揚。
曼達拉娃足前我頂禮！

珠寶山頂峰之隱蔽處，
化身龍女除龍族疫疾，
以達娓札名置彼於道。
曼達拉娃足前我頂禮！

化身為阿修羅之公主，
普賢女伏妒忌修羅眾，

置修羅於成熟解脫道。
曼達拉娃足前我頂禮！

迦葉佛尊前發菩提心，
化身蘇卡帕拉②國王女，
師利・薩噶拉度萬尼眾。
曼達拉娃足前我頂禮！

釋迦牟尼佛陀在世時，
現廿五次復顯難思議，
開啓密咒道乘之門者。
曼達拉娃足前我頂禮！

②依第十四章，空行母父王之名為拉納帕拉（Ratnapala）。

西方極樂世界淨土中，
百萬化身開演密咒乘，
各各皆有空行母現身。
曼達拉娃足前我頂禮！

至尊白衣佛母五處中，
放光淨土化五空行母，
加持啥字光入沙霍國。
曼達拉娃足前我頂禮！

由神力故父母夢奇兆。
陽木馬年月之第十日，
誕生後即誦子母音聲。
曼達拉娃足前我頂禮！

生即禮拜父母報恩德，
爲諸聚眾宣唱妙音曲。
天神沐浴名聲遍世間。
曼達拉娃足前我頂禮！

因見生老病死苦過患，
轉心向法爲出離輪迴，
精研神聖佛法諸五明。
曼達拉娃足前我頂禮！

如智美與亥母所授記，
駁加色・那波於高塔拉，
擊敗降伏彼時諸外道。
曼達拉娃足前我頂禮！

沙霍三百女眾領入道③，
轉變國王后妃喪子苦。
得聖者肉爲民所敬信。
曼達拉娃足前我頂禮！

調解貝塔、沙霍弭爭戰，
依授記領隨從趣佛法。
深心發願利他住輪迴。
曼達拉娃足前我頂禮！

與國王議各王之提親。
金剛薩埵授記厭輪迴。
善巧逃離師前得受戒。
曼達拉娃足前我頂禮！

詳閱典籍並研習三藏。
悅意林傳五百侍從法。
親獲蓮師化現之預言。
曼達拉娃足前我頂禮！

花園面見上師而請法，
宮中傳法為牧牛者見，
流言隨起國王行懲處。
曼達拉娃足前我頂禮！

鄔金上師火刑顯神力，
國王眾等深悔其惡行，
曼達拉娃獻為師明妃。

③另有版本的說法是三千女眾。

曼達拉娃足前我頂禮！

鄔金男子悉成蓮師徒，
曼達拉娃解脫眾女子，
師授直指教導致圓成。
曼達拉娃足前我頂禮！

甚深佛法徵兆之指示，
與師同往瑪拉帝卡洞，
無誤成就無死壽持明。
曼達拉娃足前我頂禮！

神力調伏寇塔拉國眾，
對抗外道法術得大勝。
誓言繫縛勇杜屍林魔。

曼達拉娃足前我頂禮！

依師授記前往遮末羅，
教化男女食人眾入道，
舉國悉證虹身空無餘！
曼達拉娃足前我頂禮！

於拿帕察與八大國家、
於凱拉卓與八小國家，
現八大八小證悟神蹟。
曼達拉娃足前我頂禮！

蓮師明妃同往鄔金國，
善巧方便行滅諸邪見，
共轉法輪度眾證虹身。

曼達拉娃足前我頂禮！

依師授記前往香巴拉，
神變力攝調廿五樂土眾，
百三十萬徒虹身解脫。
曼達拉娃足前我頂禮！

行旅印度孛撤最高峰，
於彼傳授一切所餘法。
化白紅烏巴拉於藏、尼。
曼達拉娃足前我頂禮！

無餘消融如虹入虛空，
入於色究竟天華嚴剎，
成祕密本初智慧空行。

曼達拉娃足前我頂禮！

與彼九百持明弟子眾，
入虹身後利他再次顯。
空行化現度眾無止息。
曼達拉娃足前我頂禮！

白衣佛母聞名大樂界；
納妍止女聞名卡雀里；
娴門卡嫫聞名沙霍國。
曼達拉娃足前我頂禮！

願我等今直至證菩提④，

④以下此段在英譯版中是以白話出現，但經查藏文原本確為願文，故以偈誦型式顯示。

永不捨離至尊空行母！
願賜加持消除諸怖畏，
願能得證究竟佛果圓！
如彼生世聞修得成就，
障難消弭利他臻圓滿！
祈賜大力令輪迴空盡，
安置一切眾生成勝母！

於此具信精進不退者，
願彼諸生惡業盡清淨！
道次功德圓滿見空行，
勝共悉地迅速得成就，
致病遭魔諸障受回遮，
長壽康健享有豐富財，
一切希求悉皆自然顯！

「不要有任何懷疑，要堅信曼達拉娃母會引導你未來轉生於大樂界中。依此，所有的眾生，包括西藏的有福弟子們，任何閱讀或抄寫此《曼達拉娃的生世與解脫》之記事並虔信做禮拜、供養、祈請者，將可獲一切願求皆得自然圓成之果。任何只是具淨信讀此傳記者，皆得離於瘟疫、戰爭、災難、乾旱之威脅，黑法、詛咒、惡兆將得平息。若讀誦此傳記百次，非時死亡之威脅與生命之障礙將得反轉。若讀此文，四肢畜牲與窮困乞丐所受之疾病將得平息，吉祥繁榮將可興盛。若希求子嗣，讀此文可增家族繁衍。任何擁有此關於她生生世世與解脫之文者，將可無礙成就所有願望。在任何寺廟、國家、城市、家中，無論在何處，只要能有一份此傳記，則鬼靈、邪穢、鬼怪將被屏蔽於一定距離之外，不能接近一哩處內。若爲求來世較佳之投生而讀誦此傳記百次，將從下三道的恐懼中解脫，神識得轉至卡雀里淨土。

「任何言語皆無可比擬此傳記之非凡利益。若帶在身上，障難的影響將不會發生，將無有對武器的恐懼，毒藥會失去效力，傳染病、傷口、膿瘡、痲瘋將被平息，疾病、邪魔附身、障難等傷害的力量將被減低。若在行前讀此傳記，一切諸如埋伏、搶劫、歧途等的災難傷害將被平息。若將此文做爲禮敬所依物，定期禮拜、繞行、供養，將確定會投生至大樂界。因此，未來世代之有情眾生，應依此精進而行！」

三昧耶

稱作《珍貴寶鬘》的

《沙霍公主曼達拉娃的生世與解脫》

之第三十八章，

對曼達拉娃連續化現的簡短祈願，

至此圓滿。

後記

措嘉女再次做出請求：「嗟瑪！鄔金上師蓮花生！此空行母之本生與解脫的珍貴傳記，是否應當成爲口傳或是伏藏傳承的一部分，以利後世？它於何時當圓滿利益眾生？依您的大慈，請給予我們關於未來的指示。」

對於此請求，上師回答：「聽好，尊貴的伊喜．措嘉女，這個過去未曾揭露的空行母之本生與解脫的傳記將被書寫成三份文件，埋藏封印爲伏藏。在名爲嵢戎．梅巴．札、察戎．札、勾沃旺的山上有我的禪修洞穴，在這三個有力量的洞穴，用犀牛皮寶盒封藏這三份文稿。授命伏藏守護者杜、贊、麓看守這些寶藏。

「封藏於勾沃旺山的傳記將會在人壽爲二十至三十年的未來被取出，到那個時候，此傳記會利益眾生。封藏於嵢戎洞穴的精簡版本將會在人壽爲四十年時流傳，會交付給名爲卡瑪（業）或多傑（金剛）者；然而，發現伏藏的吉祥境緣將會逆轉，羊皮紙上的金字最終將會消失。

「埋藏在察戎洞穴的傳記將會在人壽二十年時，於稱作兜罕處由名爲拉納（寶）者廣爲流傳。另有三份傳記將被埋藏：廣軌於嵢戎，中軌於勾沃旺山，簡軌於察戎洞穴。

「中軌將會被生於鐵羊年的掘藏者桑天．林巴取出。身爲具足大忍辱之人，他將會持有平等大清淨見。他的智慧功德殊勝，從不與障蔽的惡者爲伴。身完全離於障蔽，他會是具有本初智慧之眼的大師。他的心間將會以『吽』字標記，他的面頰以『仲母』（Bhrum）字標記，他的肩膀以卍①標記，他的大腿會有骨飾之紋，他的肚臍會以「棠母」字標記。身爲具有殊勝功德之大師，他將鎮伏魔類。經由伏藏法門，他在最後的投生會成爲甚深伏藏傳承的偉大取藏者。藉由我語的加持，他將領導眾生；無論他與任何人有連結，願他們被置於不退轉之境地。

「領受此伏藏後，他將隱藏二十年，直到遇見利登．德瓦、索南、仲瑪，以及名爲達瑪者，與他們結交後，他會完整揭示此傳記，而他們將會成爲此伏藏的保管者。與此傳記相關的有五篇主文以及六支分，它們將逐漸傳佈，利益無數眾生。現在這個曼達拉娃的傳記，納南．多傑．敦珠（Nanam Dorje Düjom）的伏藏，具有八門，藏在襌迦山附近的空行母祕密洞穴，有緣持守此伏藏者爲措或邱，若他們之中任何一人遇此，無疑地將可揭露伏藏，然後這簡短版將會清楚指示所授記的伏藏師。此伏藏將帶給西藏人民大樂與幸福。其他十三個伏藏被發現後，護法者將會交付甚深之鑰。因此，未來世代者應當棄絕任何的疑慮！」

三昧耶

然後空行母伊喜・措嘉做爲抄錄者，用象徵符號的密文，將此書寫於白樺樹皮背面三次。在稱做嗆戎・梅巴的洞穴中，她將貝瑪彭佩（Padma Pungpe）續與相關的直指教法封藏在一起。在勾沃旺山上，她封藏了圖當（Tugdam）五部以及央昌千莫（Yangchang Chenmo）。在黑色的察戎洞中，她封藏了普巴密至（Purba Mitri）續以及補充的論述。如此，一切被託付在未來伏藏持有者與護法手中，並獻上眾多吉祥願文！

---

①卍字記號（梵文拼音 *swastika*，源自梵文 *su*「善」，和 *asti*「它是」的組合；藏文拼音為 *g.yung drung*；中文念成「萬」）是來自史前時代的古老符號。在印度的文化背景中，象徵太陽、興盛和幸運。在佛教文化中，卍字記號也可代表十字金剛杵，象徵被稱為「金剛座」（梵文 *vajrāsana*）的佛陀證悟之座。由於對西藏人而言，這個卍字形的記號不具有任何負面意涵（對二十世紀的西方人士而言，卐字記號具有負面意涵），因此，在西藏的宗教圖像中，卍一直是個重要的符號標記。我們決定用最代表字義且具描述性的辭彙來翻譯 *g.yung drung* 這個藏文。中譯註：無論是左旋和右旋的卍字，都出現在早期的考古物品及文獻中；納粹使用卐字是近代的事情，佛教界遂稱佛教的卍字與納粹不同；原本不管哪種方向的卍字都有良好意義。

三昧耶，印，印，印，身印，語印，意印，嗟，啼母。

以榮耀之語、證悟身之印、證悟語之印與證悟意之印封印。

出現在此劫之末的精通密續者，嘿魯嘎鄔金．吉美．明珠．桑天．林巴．欽列．卓杜．雷拉．德瓦．察在他的第十四年，陽木猴年，從勾沃旺山蓮修洞取出此伏藏。伊喜．措嘉的五部心意付囑與此《生世與解脫》文被取出，然後取藏者隱藏直至其三十七歲為止。如同授記，在遇見朗拉．嘉華．蔣秋的轉世多殊．策旺．天津．貝瑪．欽列時，伏藏師得到七個要顯露伏藏的強烈自然指示。然後，多殊．策旺．天津．貝瑪．欽列給予伏藏師可記錄此文的媒材，於果千．嘉華靠近韈迦瑪姆山的隱居處杜度．納開始書寫。這個工作在鄔金上師稱為瑪拉帝卡的成就處持續進行，最終於稱為岡雄．央奇嘎的地方完成。整部傳記寫於二乘三個手指寬的白樺樹皮黃卷上。願所有因此積聚與帶來的功德增長佛陀教法，願教法的偉大持有者之蓮足堅固住世百劫！願一切眾生體驗完全自足的大樂與幸福！

薩哇　芒嘎朗　給吠！

願祥運善德永存！

關於英譯版兩位譯者

喇嘛卻南（Lama Chonam）是佛教金剛乘寧瑪派的一位出家堪布。他出生在果洛，為游牧家庭之子，十多歲時進入寺廟。他的根本上師是已故的穆瑟（Munsel）堪布，是備受尊崇的資深大圓滿上師。喇嘛卻南在一九九一年時離開西藏，一九九二年時受邀至美國。他是《岭之格薩爾王史詩》的權威泰斗兼翻譯，正與西藏文學院（Tibetan Institute of Literary Studies）的同事們從事此作的翻譯。喇嘛卻南是那瀾陀翻譯委員會（Nalanda Translation Committee）的顧問，與桑傑・康卓密切合作，共同翻譯了許多重要著作。

桑傑・康卓（Sangye Khandro）於一九七二年起成為佛教徒和修行者，並自此專心致力於研習和修持金剛乘佛教，且成為知名譯者逾三十年，曾擔任許多偉大資深西藏上師們的翻譯。她在一九七九年時遇見其根本上師法王敦珠仁波切。在此之前，她已見到尊貴的嘉楚仁波切（Gyatrul Rinpoche），並成為他的修行伴侶。在法王敦珠仁波切及其家人的指導下，嘉楚仁波切與桑傑・康卓共同協助建立了美國的伊喜・寧波佛法中心，並且創立了奧勒岡州南部的札西・秋林閉關中心。她近期的譯作包括《三律儀決定論釋義》（*Perfect Conduct*），是針對三種戒律最重要的金剛乘文典和論釋之一，屬於敦珠仁波切新伏藏的一部分。此外，她也是翻譯《岭之格薩爾王史詩》這部長篇大作的三位學者之一。

橡樹林文化 ❖❖ 善知識系列 ❖❖ 書目

JB0001	狂喜之後	傑克·康菲爾德◎著	380 元
JB0002	抉擇未來	達賴喇嘛◎著	250 元
JB0003	佛性的遊戲	舒亞·達斯喇嘛◎著	300 元
JB0004	東方大日	邱陽·創巴仁波切◎著	300 元
JB0005	幸福的修煉	達賴喇嘛◎著	230 元
JB0006	與生命相約	一行禪師◎著	240 元
JB0007	森林中的法語	阿姜查◎著	320 元
JB0008	重讀釋迦牟尼	陳兵◎著	320 元
JB0009	你可以不生氣	一行禪師◎著	230 元
JB0010	禪修地圖	達賴喇嘛◎著	280 元
JB0011	你可以不怕死	一行禪師◎著	250 元
JB0012	平靜的第一堂課——觀呼吸	德寶法師 ◎著	260 元
JB0013	正念的奇蹟	一行禪師◎著	220 元
JB0014	觀照的奇蹟	一行禪師◎著	220 元
JB0015	阿姜查的禪修世界——戒	阿姜查◎著	220 元
JB0016	阿姜查的禪修世界——定	阿姜查◎著	250 元
JB0017	阿姜查的禪修世界——慧	阿姜查◎著	230 元
JB0018X	遠離四種執著	究給·企千仁波切◎著	280 元
JB0019	禪者的初心	鈴木俊隆◎著	220 元
JB0020X	心的導引	薩姜·米龐仁波切◎著	240 元
JB0021X	佛陀的聖弟子傳 1	向智長老◎著	240 元
JB0022	佛陀的聖弟子傳 2	向智長老◎著	200 元
JB0023	佛陀的聖弟子傳 3	向智長老◎著	200 元
JB0024	佛陀的聖弟子傳 4	向智長老◎著	260 元
JB0025	正念的四個練習	喜戒禪師◎著	260 元
JB0026	遇見藥師佛	堪千創古仁波切◎著	270 元
JB0027	見佛殺佛	一行禪師◎著	220 元
JB0028	無常	阿姜查◎著	220 元
JB0029	覺悟勇士	邱陽·創巴仁波切◎著	230 元
JB0030	正念之道	向智長老◎著	280 元

JB0031	師父——與阿姜查共處的歲月	保羅·布里特◎著	260元
JB0032	統御你的世界	薩姜·米龐仁波切◎著	240元
JB0033	親近釋迦牟尼佛	髻智比丘◎著	430元
JB0034	藏傳佛教的第一堂課	卡盧仁波切◎著	300元
JB0035	拙火之樂	圖敦·耶喜喇嘛◎著	280元
JB0036	心與科學的交會	亞瑟·札炯克◎著	330元
JB0037	你可以，愛	一行禪師◎著	220元
JB0038	專注力	B·艾倫·華勒士◎著	250元
JB0039	輪迴的故事	慈誠羅珠堪布◎著	270元
JB0040	成佛的藍圖	堪千創古仁波切◎著	270元
JB0041	事情並非總是如此	鈴木俊隆禪師◎著	240元
JB0042	祈禱的力量	一行禪師◎著	250元
JB0043	培養慈悲心	圖丹·卻准◎著	320元
JB0044	當光亮照破黑暗	達賴喇嘛◎著	300元
JB0045	覺照在當下	優婆夷　紀·那那蓉◎著	300元
JB0046	大手印暨觀音儀軌修法	卡盧仁波切◎著	340元
JB0047X	蔣貢康楚閉關手冊	蔣貢康楚羅卓泰耶◎著	260元
JB0048	開始學習禪修	凱薩琳·麥唐諾◎著	300元
JB0049	我可以這樣改變人生	堪布慈囊仁波切◎著	250元
JB0050	不生氣的生活	W. 伐札梅諦◎著	250元
JB0051	智慧明光：《心經》	堪布慈囊仁波切◎著	250元
JB0052	一心走路	一行禪師◎著	280元
JB0054	觀世音菩薩妙明教示	堪布慈囊仁波切◎著	350元
JB0055	世界心精華寶	貝瑪仁增仁波切◎著	280元
JB0056	到達心靈的彼岸	堪千·阿貝仁波切◎著	220元
JB0057	慈心禪	慈濟瓦法師◎著	230元
JB0058	慈悲與智見	達賴喇嘛◎著	320元
JB0059	親愛的喇嘛梭巴	喇嘛梭巴仁波切◎著	320元
JB0060	轉心	蔣康祖古仁波切◎著	260元
JB0061	遇見上師之後	詹杜固仁波切◎著	320元
JB0062	白話《菩提道次第廣論》	宗喀巴大師◎著	500元
JB0063	離死之心	竹慶本樂仁波切◎著	400元
JB0064	生命真正的力量	一行禪師◎著	280元

JB0065	夢瑜伽與自然光的修習	南開諾布仁波切◎著	280元
JB0066	實證佛教導論	呂真觀◎著	500元
JB0067	最勇敢的女性菩薩——綠度母	堪布慈囊仁波切◎著	350元
JB0068	建設淨土——《阿彌陀經》禪解	一行禪師◎著	240元
JB0069	接觸大地——與佛陀的親密對話	一行禪師◎著	220元
JB0070	安住於清淨自性中	達賴喇嘛◎著	480元
JB0071/72	菩薩行的祕密【上下冊】	佛子希瓦拉◎著	799元
JB0073	穿越六道輪迴之旅	德洛達娃多瑪◎著	280元
JB0074	突破修道上的唯物	邱陽·創巴仁波切◎著	320元
JB0075	生死的幻覺	白瑪格桑仁波切◎著	380元
JB0076	如何修觀音	堪布慈囊仁波切◎著	260元
JB0077	死亡的藝術	波卡仁波切◎著	250元
JB0078	見之道	根松仁波切◎著	330元

橡樹林文化 ❖ 成就者傳記系列 ❖ 書目

JS0001	惹瓊巴傳	堪千創古仁波切◎著	260元

成就者傳記系列　JS0002

曼達拉娃佛母傳：生生世世及解脫故事

英　譯　者／喇嘛卻南（Lama Chonam）、桑傑・康卓（Sangye Khandro）
中　譯　者／普賢法譯小組
審　　　定／白玉・秋竹仁波切
編　　　輯／丁品方
業　　　務／顏宏紋

總　編　輯／張嘉芳
出　　　版／橡樹林文化
城邦文化事業股份有限公司
台北市民生東路二段 141 號 5 樓
電話：(02)25007696　傳眞：(02)25001951
發　　　行／英屬蓋曼群島家庭傳媒股份有限公司城邦分公司
台北市民生東路二段 141 號 2 樓
客服服務專線：(02)25007718；(02)25001991
24 小時傳眞專線：(02)25001990；(02)25001991
服務時間：週一至週五上午 09:30 ～ 12:00；下午 13:30 ～ 17:00
劃撥帳號：19863813；戶名：書虫股份有限公司
讀者服務信箱：service@readingclub.com.tw
香港發行所／城邦（香港）出版集團有限公司
香港灣仔駱克道 193 號東超商業中心 1 樓
電話：(852)25086231　傳眞：(852)25789337
E-mail：hkcite@biznetvigator.com
馬新發行所／城邦（馬新）出版集團【Cite (M) Sdn Bhd.(458372 U)】
41, Jalan Radin Anum, Bandar Baru Sri Petaling,
57000 Kuala Lumpur, Malaysia.
電話：(603)90578822　傳眞：(603)90576622
E-mail：cite@cite.com.my

內頁版型／歐陽碧智
封面設計／塵世設計
印　　刷／中原造像股份有限公司

初版一刷／ 2011 年 11 月
初版七刷／ 2021 年 08 月
ISBN ／ 978-986-6409-26-4
定價／ 350 元
城邦讀書花園
www.cite.com.tw

國家圖書館出版品預行編目資料

曼達拉娃佛母傳：生生世世及解脫故事 / 喇嘛卻南 (Lama Chonam)，桑傑・康卓 (Sangye Khandro) 英譯；普賢法譯小組中譯 . -- 初版 . -- 臺北市：橡樹林文化，城邦文化出版：家庭傳媒城邦分公司發行，2011.11
面 ； 公分 . --（成就者傳記；JS0002）
譯自：The Lives and Liberation of Princess Mandarava : The Indian Consort of Padmasambhava
ISBN 978-986-6409-26-4（平裝）

1. 曼達拉娃（Mandarava. Princess, Pre-existence.）
2. 藏傳佛教 3. 佛教傳記

226.969 100021154